# なぜ心理学をするのか

心理学への案内

北村英哉

北大路書房

# はしがき

いきなり個人的なことから書いて、決まり悪いのですが、はしがきということでお許しください。昔、臨床心理学の修行をやっていた頃があります。やっていたというほどではないかもしれません。本当に臨床心理士をなさっている方たちからすれば、きっとほんの入門的なお遊びだったように思います。

それでも、修士課程時代の私は臨床中心に世界が回っていましたし、生活で経験することもすべて「臨床」という目標に向けられていた感じでした。

一番の大きな経験は、小児糖尿病の子どもたちといっしょに行ったキャンプです。I型の糖尿病は、個人の食生活の責任でなるものではなく、しかも重度なためインシュリン注射が必要です。食事、運動、薬など、すべての自己管理が自分自身の生活、人生を守っていくために必要なことで、それをほんの10歳になるかならないかの子どもたちが、自分の病気と一生懸命向かい合いながら病気と共に生きていくことをしている場です。医師、看護士、栄養士などのスタッフに囲まれて、私たちは日常の遊び担当の「生活スタッフ」という役回りでした。

生活スタッフは、子どもたちに寄り添って、いっしょに遊び、あばれ、ふざけ、笑ったり泣いたりもします。いろんなことを学びました。

一番学んだことは、いろんな人がいるということです。いろんな生き方があります。子どもたちだけでなく、スタッフもです。大人にはいろんな役回りがあって、個性があって、それぞれ子どもたちにとって必要な大人たちです。生活スタッフは、心理関係の学部生、大学院生が多かったのですが、これもいろんな人がいました。

いろんな人がただいるというだけではありません。いろんな違ったタイプの人がいることが必要なのです。子どもたちは自己コントロールの必要な病気をかかえつつ、しかし、コントロールさえできていれば、見かけも行動も何もかも別段普通の子どもと違うところは何もありません。けれども、ちょっとしたところで、子どもたち自身が神経を使っているところがあるのです。海で泳いだことがない子もいます。キャンプで初めて山の頂上まで登ったという子もいます。もしかしたら、病気以来、思いっきり遊びまくるということが家では一度もできなかった子もいるかもしれないのです。それぞれなりの何かの思いを胸にかかえつつ、思春期、青年期に突入していくのです。また私たちも青年でした。人から受け入れられることがとても大切な時期です。

人には相性があります。いろんなタイプの子どもがいます。だから、いろんなタイプのスタッフも必要です。互いに気に入る、気に入らないということがたとえあっても、子ども一人ひとりはかけがえのない人生を歩んでおり、多くの親は初めて手元から子どもを十日間も外泊させているのです。出会いがなかったらとても寂しいことでしょう。ちょっとでも貴重な経験をさせてあげたいのです。

小さい子どもたちから好かれるスタッフ、大きいお兄ちゃんから相談を受けるスタッフ、男の子とプロレスするなど暴れるのが得意なスタッフ、元気のいい女の子たちといっしょにさわぐスタッフ、室内でおとなしくいたり、話したりしている子どもたちとつきあうスタッフ、変な工作物ばかり作っているスタッフ、栄養士のお姉さんをくどくスタッフ。十日間もいっしょにいれば、スタッフたちも人間としてよいところも悪いところも全部さらけ出すことでしょう。地のままに生きている状態です。それぞれの個性的なスタッフに寄ってくる個性的な子どもたちがいて、それでキャンプは成立します。

きちんとした善良なスタッフばかりではダメです。学校では優等生で、自己コントロールもうまい子どももいます。でも、私のまわりには、自己コントロールを失敗したり、まわりとうまく適応できなかったり、いざこざになったり、そういう「はずれ」がちな中学生たちがいつも集まってきます。きっと私の「はずれ」具合を感じて寄ってくるのでしょう。

このキャンプの組織は代々伝えていくような面白さがあって、先輩たちから受け継ぎのときに言われたのは、「いろんなタイプのスタッフがいていいし、また、そのほうがいい」ということです。私が生活班のキャップのときには、元気なスタッフだけでなく、おとなしいスタッフや、一見「暗い」スタッフも採用しました。とてもアウトドア的に見えない人にも来てもらいました。実際、普段の子どもたちはアウトドアではないのですから。

それはそれほど、格好いい交響楽のようなものではありませんでした。多様な個性が合体して、よい集団になっていると威張れるものでもありません。たぶん不協和音も奏でているのでしょう。失敗もいっぱいあります。

でも一番学んだことはこの「いろんな人がいていい」ということで、これは自分の人生の今も持ち続けている視点です。私は人の悪口を聞くのが嫌いです。誰にだっていいところがあると思っています。一つきりの正しい生き方なんてないでしょう。

心理学も全体として何をやっているか、きちんと揃って見えていないといけないのでしょうか。グランドセオリーがないという人もいます。それもかまわないのではないでしょうか。多少、不協和に見えても、それぞれがそれぞれなりの持ち場や得意な場所で長所を生かして頑張っていればいいと思います。それは、どの学問でも、どの分野でも。大体「事実」として今そうなっているものには、そうである「理由」やいきさつがあるものです。すべてよいというわけでもありませんが、まずはその理由を理解し、受け入れてみたらどうでしょう。改善するにしても、何か変えていくにしても、中に飛び込んで共にやらないと変わらないのではないでしょうか。そのためには、まず今を理解することだと思います。

私は理解を拒否する姿勢が一番嫌いで、しつこく「何だろう」「どうなっているんだろう」「どうしてこの人はこんなことをするんだろう」と思って、門前払いをしないのが好きです。いつもそういう姿勢でいるわけではないですけど……。

そこで、この本ではさまざまな心理学を描いてみました。それでも偏っていますが、どれも自分が首をつっ込んで行なった部分です。臨床をやめたり、いろいろ寄り道をした分、分野横断的な幅広い経験ができたかもしれません。

今はおもに実験社会心理学をしています。ですから、院生のときのキャンプのことを本に書くとは思ってもみませんでしたが、この機会に少しここに記してみました。いろんな心理学をいろんな方法でやることは面白いのです。どれも、自分の個性から発する興味に支えられてのことです。どんな心理学をするのか。それは、自分がどんな人間で、どんなことを知りたいと思っているのか、それゆえ、なぜ、心理学をしたいのかという基本の上に立っているものでしょう。

さて、この本の由来を遠く遡ると日本心理学会のウラコンになります。ウラコンとは、裏懇親会というもので、貫禄のある偉い先生方が集われる懇親会には、出席が気が引けるので、ざっくばらんに語ることができる若手で懇親が図れればと、当時東京都立大学に在籍されていた佐藤達哉さん（立命館大学）、渡邊芳之さん（帯広畜産大学）たちが声をかけていました。わりあいずっとそのウラコンに出席していたことがきっかけで、方法論の議論として関心があったフィールド研究のメーリングリストにも加入していました。二〇〇一年のウラコンの延長のような会で、最近『構造構成主義とは何か』（北大路書房）を執筆された西條剛央さんや清水武さんに出会い、面白い議論をする人たちだと思いました。彼らが中心になって次世代人間科学研究会なるものを発足することを、フィールドのメーリングリストに流れた情報で知った私は、原理的な議論や哲学的な議論に関心が強かったので、自分の研究の面白い発展、展開にもつながるかと思い、参加させてもらいました。二〇〇二年に次世代人間科学研究会のメーリングリストが成立し、そこではたいへん興味深い議論が展開されていきました。その中で構造構成主義も形をなし、質的研究と量的研究の両方法論についての考え方なども論じられ、またそれをいかに教育していくかについての問題提起もありました。メーリングリストにも加入されている北大路書房の関一明さんが、「並行して教える本があったらいい」という趣旨の話を書き込まれていました。

経緯が長くなりましたが、そのようなきっかけで、並行して教える本を書いてみようと試みたのですが、どうしても順序がありますし、むしろ、両方法論を受け入れるような精神、学問的スタンスを伝え、無理なく「両刀遣い」になれるような、そんな心理学の導入のあり方がないかと探っていった結果がこの本です。

人間がものごとを信じてしまいやすい性質に言及し、その延長で、量的研究にしろ、質的研究にしろ、無批判的に信じるのが問題であって、自分の立ち位置をふり返って自覚できることが大事だと考えました。いったん信じたことを相対化するという道筋を経験して慣れていくことを本書の流れの柱とし、両研究スタンスの利点が見えるように書いたつもりです。また、現在日々実験を行なっている自分の立ち位置からも、一見役に立っていないような専門志向的な研究の価値を再評価するような記述も入れました。

ですから、この本は、心理学の入門の方、心理学ってどんなものか関心を持つ高校生の方、また、さらに、心理学に関心を持って勉強を続けていくのはどうかなと将来を考えつつある大学院進学希望者、そして、大学院に入って、心理学というものを考え直しつつある方、また研究者であっても、自分と心理学との関係をふり返ってみたい方たちに向けて、いっしょに考えていく材料の提供にいくらかなれればと考えて書き進めたものです。実際、自分自身が執筆に際してふり返ることが多々ありました。そのふり返りが十分には描けていないかもしれませんが、ご批判や感想をお寄せ頂ければ幸いです。

まだ中途半端な考えしかない私に、このような本の執筆の機会を与えてくださいました北大路書房の関一明さんにこの場をお借りして感謝申し上げますと共に、直接のきっかけとなった次世代ＭＬ参加のメンバーの皆さんにも感謝申し上げます。

二〇〇六年八月

北村英哉

# Contents

# 1章 心理学がやりたい！

## 1 心理学科への入学

少子化の時代といっても、大学の心理学科はずいぶんな人気を保っています。心理学系の学科に奉職している身としては、とてもありがたいことです。どうしてそんなに心理学は人気があるのでしょうか。多様な関心の持ち方があるとは思いますが、まず何をおいても、人の心が身近な問題であるということは一つの理由としてあるでしょう。

誰しも心を持っていますし、自分の心、人の心は興味のつきない問題でしょう。人は誰しも自分自身に関心があるでしょうし、自分自身をもっとよく知りたいという人も多くいるようです。「心理学」はそのような関心に答えてくれそうです。

私たちの学科でとった調査を見てみましょう。心理学科のイメージ、何が学べそうか、何を学びたいと思って来たかなどを尋ねています。

私の所属する社会心理学科では、その世間的イメージなのか、犯罪について関心があるという回答がわりに多く、それと同じくらい臨床心理学に関心を持つ人が多いようです。内容としては人の心や人の行動の理由などがわかる、また、人と社会との関係がわかるのでは……という期待が見られます。これと共に期待されているのが「自分探し」のようです。「自分」コンシャスな時代とでも言いましょうか、自分に対する関心、あるいはいとおしさが大きくなっている時代です。「自分にご褒美」なんていうフレーズもあります。自分にとって大事な自分とはどういう人でしょうか。就職などの際にも自己分析が大事だといろいろな本に書いてありますし、就職講座などでそのようなことを強調する講師もいます。自分がどういう人間か理解し、自分にあった就職、進路をみつけていくというわけです。

さて、そのような自分探しの問いに心理学科は十分答えてくれるのでしょうか。その答えはある意味でイエスでもあり、ノーでもあります。

自分探しなんてムダであると教えてくれる心理学科もあるでしょうし、具体的に心理テストなどで自己理解の仕方を教えてくれる心理学科もあり、大学によってさまざまな心理学科、あるいは、同じ学科でも立場によって主張の異なるさまざまな授業があるかもしれません。

それでも、注意深く授業で取り上げていることを考えていけば、「人間」というのがどのような存在であるのかという思索を深めていく手がかりには十分なるのではないでしょうか。

このような自分への関心ということから考えてみると、多くの新入生が期待する学習というものが、必ずしも「心理学」ではないかもしれないことが見えてきます。それはどういうことでしょうか。まず、心理学とは何でしょうか？　少なくとも「人」を扱う学問のように見えます。人についてかなり関心を持った人たちが大学の心理学科に入学してくるのではないでしょうか。

しかし、人を扱うのは心理学だけでしょうか？　大学の学科を見ても、それだけではなさそうです。医学も人を扱います。人というよりも人体でしょうか？　からだとしての人間を扱うわけです。精神医学では心も扱っているように見えます。医学と心理学の関係については、後にもう一度取り上げるとして、大学の新入生のとらえ方としてはどのような違いがあるでしょうか。医学は病気を治すための学問のように思われます。それに対して、心理学は心の病気である場合も、そうでない場合も、心を対象とする学問のように思われるでしょう。心の動きや自分の人となり、特徴というのは、医学的対象というより、何だか「心理学っぽく」思われるのではないでしょうか。

ところが、人の心の動きというのは、文学でも描かれているのです。いろいろな人の心理に触れてみたい。人間理解を深めたい。そのような思いがあれば、文学を深めるのも一つの方法ではないでしょうか。もちろん、文学自体はそれだけでない、さまざまな学問的アプローチの仕方があるでしょうが、人の心理や行動を体験するという目的にも役立つものです。しかも、「人が好き」で、いろいろな人の生き方を知りたいということでしたら、どこの学科へ進学しようが、まずはさまざまな小説を読むことがむしろ役立つかもしれません。何も心理学科に入学する必要はないかもしれません。実は最初の入学動機や目的から考えてみると、「いや、それは心理学というよりも、小説をたくさん読んだほうがあなたの気持ちに叶うかもしれないよ」と言ってもよいようなケースも多々あるように思われます。それは、どうしてでしょうか。

それは、「心理学科」で行なう学習が、いろいろな他者の生き方や気持ちに触れてみたいなどといったこととは一見程遠いように見える、理系的な学習を含んでいるからです。あまりこのようなことを聞き及んでいない人は、今の部分を読まれて、「えっ！」と驚かれたかもしれません。そうです。心理学は理系的な学習を含んでいるのです。

## 2 心理学の学習への違和感

多くの心理学科入学生が大学の授業で講じられる「心理学」に違和感を覚えるようです。「私が思っていたのと違った」と。手前みそになりますが、私の勤める大学では、ややそれは少ないようです。社会心理学科であるために、あまり基礎的な部分の心理学の授業が多くなく、一年次から、身近な生活の中での心理、普通のイメージと合致する「心」のあれこれを講じる授業が比較的多いからかもしれません。人間関係、健康の問題、臨床心理学の基礎などです。しかし、一般に心理学の学習では、生理過程や知覚、実験、統計など理系的な発想を要素として含む学習がメニューとしてたくさん用意されている学科も多いことでしょう。「まさか、心理学科でデータや数字の計算をさせられるとは思わなかった」なんて思う人もいるようです。

――心理学科へ入学したら、とたんに授業で、「心理学とは君たちの思っているものとは違う。テレビでやっている心理テストなんてウソっぱちで、あんなものが心理学ではない。また、カウンセリングというのも心理学の広い範囲の中の一部にすぎない。心理学は科学の一つであり、実験データなどをとって、厳密に検証をしていく地道な作業を含むのだ」といった趣旨の話を聞かされ、呆然としているうちに、次から次へと小難しい専門用語が雨あられのように降りかかってきて、消化不良で溺れかかっている間に、毎週レポートを書かされる実験演習が始まる。並んでいく数値に首をかしげているうちに、よくわからない統計の説明もなされて、コンピュータを使って、なんだかデータ処理とか言われていることを教えられるままに行なうと、よくわからない結果の「アウトプット」と呼ばれるものが出てきて、1％有意だとか、これまたわけのわからないことを言われて、狐につままれたようになっているのに、「これが心理学だ」と言われる。だんだん諦めのようにデータ処理をくり返していく――という人もいるはずです。もちろん、これにのめり込んでしまって、面白くてたまらないという人もいるでしょうし、反応はさまざまでしょう。

どうしてこうしたことが起きるのか？　それは、心のあり様が文系的な出来事に思えるので、文系的な関心の持ち方で「心の学問」に近づいてくる人が多いからというのが一つの理由でしょう。つまり、はじめから心理学が理学部の中にあるのならば（アメリカではサイエンス学部の中にあることがしばしばあります）、誰も数字を扱って計算をすることに驚いたりはしないでしょう。日本では多くの場合、心理学科は文学部にあるのです。文系の総本山のようなイメージです。少なくともイメージとして、「科学」からは遠いのではないでしょうか。今の日本の人たちのイメージでは、哲学や宗教学、文学、史学などと並んで、文学部の中にある心理学科は、人文的なイメージを呼び起こし、人の心について文系的に思索を深めていく学問のように見えるかもしれません。

このことについては、後の章で再び詳しく取り上げますので、ここでは、イメージのギャップが生じやすいことを指摘するに留めておきましょう。

ところで、人間を深く知ることができる学問は心理学だけではありません。宗教学でも、社会学でも文化人類学でもそれぞれのアプローチから人間に迫ることができます。関心の持ちようによっては、そういった分野に進んだほうが、自分の実感に合う人間理解へ近づくことができるかもしれません。

それでは、心理学科に入学した人たちは、どうなるのでしょうか。

一つのパターンとしては、先生たちが講じる心理学なるものに適応して、「科学的」心理学の信奉者に宗旨替えして、無事四年間を終えるというものです。もう一つのパターンは最後まで大学で扱う心理学になじめずにすごすというパターンでしょう。それ以外にも、学校に来ずにアルバイトに力を入れるなど、悩みのプロセスはさまざまでしょうが、先生たちの多くは、科学的心理学に適応してもらうことを願っているはずです。

このように言うと、「科学的」心理学の教育に問題があり、数量的な研究よりも、もっと実感を重視するタイプの研究アプローチを推奨しようとしているのだろうか？　と思われた方もいるかもしれません。しかし、それは違います。この本は実は、最終的には翻って、「科学的」心理学って面白いじゃないかという本なのです。しかし、この本では量的アプローチも質的アプローチも認めています。「認めています」なんて言うと大げさで、そんなことはあたりまえなんでしょうが、世の中にはさまざまなアプローチがあっていいわけです。しかし、その一方、この世の中では、「このアプローチはよくない」「あのアプローチはよくない」と、互いに批判しあうことも往々にして見られます。どうしてそのようなことが起こり、またそれはどのようにすればよいか、それは改めて11章で考えます。次の章に進むため、ここで簡単に少しだけ触れると、研究者たちの間でも、何を知りたいのか、心理学を通して何をしたいのか、その関心の向け方が異なり、それによって、魅力的に映る、あるいは正しいように思える研究の仕方が異なってきてしまうということなのです。研究者たちはいったい何をしたくて、「心理学」をしているのでしょうか？

私のような年代の者が、考えを述べるのは僭越かもしれませんが、自分としてはこの年代としての途中経過の記念的な叙述として、学部進学以来ちょうど四半世紀ほど経過した今考えていることを記してみたいと思います。

# 2章 なぜ心理学をするのか

## 1 心理学は役に立つか

心理学は役に立たないという人がいます。心理学がどのようなものであるか、研究者によって、授業によって、表現がいろいろに変わり、それ自体が心理学の不思議な性質です。それでも心理学は役に立ちます。少なくともいくらかは役に立つのです。

「キティ・ジュノビーゼ事件」という事件が、一九六四年にアメリカで起こりました。夜中、アパートに帰宅しようとしたキティさんが暴漢に殺害された事件です。アパートには多くの住人がおり、襲われたキティさんが叫び声をあげたことに気づいた住人が38人いたのです。ところが、その誰一人としてキティさんを助けようとしなかっただけでなく、警察に電話したのは手遅れになるような時間が経過したあとでした。暴漢はキティさんを刺し、一旦立ち去ったあと戻ってきて再びキティさんを刺して立ち去り、また戻ってきて、なんとまたキティさんを刺したのです。三度も傷害を受けたキティさんは亡くなりました。最初の叫び声のときにすぐに誰かが警察に連絡していれば、三度に渡って襲撃されることはなく、命を落とさずにすんだかもしれません。どうしてこのようなことが起こったのでしょうか。

この事件後、アメリカのメディアや世論でよく耳にした意見は、「都会の人間関係の冷たさ」ということでした。[☆1] しかし、社会的な問題を解決するという視点でみるならば、いくら都会の人間関係を批判したところで、どうにもなりません。十か年計画でも立てて都会の人間関係のあり様を変えていく試みは可能かもしれませんが、少なくとも即効的な対処にはなりません。

しかし、一つの問題にラタネとダーリーという心理学者たちは気づきました。事件に気づいた目撃者が「大勢いたのに、誰も助けなかった」というのではなく、「大勢いたからこそ、誰も助けなかった」ということに気づいたのです。これを責任の拡散といいます。この一言で、勘のよい読者は大体飲み込めることと思いますが、人は自分しか当事者がいないときは仕方がないということもあり、動くものです。しかし、大勢いれば、「自分がしなくても、誰かがするだろう」と考えてしまいます。キティさんのケースがまさにそれです。みんな誰かが警察に電話くらいするだろうと思っていたのです。みんながそう思っていたことによって、結果的に誰も電話していなかったわけです。

ラタネとダーリーは精密な実験を行なっていくことで、責任拡散説を検証していき、それがいかに効果を持つ事態であるかを示していきました。[☆1] その実験の詳細を説明したいところですが、この章の本筋ではないので、関心を持った読者はぜひ社会心理学のテキストをご覧下さい。えっ？なぜ「社会」心理学なのかって？　それは、またあとで取り上げましょう。このようなことを研究しているのが、社会心理学なのです。

さて、この章の本筋は、いかに心理学の研究が役に立つかということでした。キティさんの殺害事件を責任拡散説の立場から見ることが何かの役に立つでしょうか？　役に立ちます。まず、即効的な対処がとれます。このような突発的な事件に対する対処の仕方です。たとえば、大規模マンションでは、警察への通報責任者を置けばよいということになります。何人気づいた人がいようが、とにかく、「あなたは通報しなければならない」という責任を持った人を決めるのです。責任が明確にあれば、通報がずっとなされやすくなります。100％にならなくても、0％よりはずっと多くなるでしょう。完全ではなくても以前よりもましな状態になれば、状況は改善されたことになります。

これは大事なことです。よく「対策」というものを考える際に、それがカバーできない欠点をいつまでもあげつらう人や、そのような会議が延々と続くことがあったりするようですが、何もしないよりも、以前よりも少しでもましになるならば、その改善はなすべきことでしょう。一気に100％の名案を期待する必要はありません。徐々に改善を積み重ねていけばいいわけです。その間、何もしないよりも、1人でも2人でも被害者が減れば、役立つ対処を行なったことになるでしょう。

えっ？　その1人の責任者が出かけていていなかったら、どうするかですって？　そうですね。それは困りますね。じゃぁ、3人か、5人か、通報責任者を決めておきましょうか。それでは再び責任拡散になるんじゃないかって？　そうですね。それでは、その5人には、この心理学の説明を詳しく十分にして、通報義務の意義をよく知ってもらい、とにかく他の人が通報しそうであってもどうでも、自分はそこにいる限り、気づいた限り、とにかくすぐさま通報する責任を背負っているんだと理解してもらうことでどうでしょうか。普通に責任拡散するよりは、ずっと責任拡散は減るでしょう。１００％でなくても、まぁましでしょう。ほら、少しは役立つでしょう？

それでは、心理学の研究はこのようにすべて役立っているのでしょうか？　役に立っているものも多くありますが、一見そうでないものも多いので、すべてが役に立っているかと問われれば、その答えはノーです。「残念ながらノーです」と言うべきでしょうか。実は、私は必ずしもこれを「残念」な事態だとは思いません。確かに、心理学の研究では、このように役立ってはいないものも多いでしょう。実は、そのことが言いたいのです。説明しましょう。

## 2　研究者は何のために研究しているのか？

研究者の一部か大部分は研究が好きでしています。研究が好きだから研究者になったのでしょう。それ以外のいろいろ複雑な理由についても一人ひとり個性のある人生を歩んでいますから、一概には言えないことでしょうが、全く研究に興味もなく、苦痛でありながら、心理学の大学教員や研究者になっている人は少ないのではないでしょうか。人が面白いこと、興味のあることをするのに理由など必要ありません。したいからする、面白いからするというだけです。もちろん、そこに役に立つ意義を説明として付加することはできますが、必ずしもその意義によって、それを主たる理由として研究活動をしているのではないかもしれません。本当の理由はついつい研究してしまうくらいに研究が好きか、またそれを通して、知的好奇心の満足や誇り、自尊心の獲得など人間らしいさまざまな理由があるのではないでしょうか。

ここからわかることは、研究者個々人が自身の関心から行なっている研究活動の集積から生まれる心理学という学問成果が、一般的な心理学科入学者の関心に沿うという明確な構造的な保証はないということです。もしも多くの研究者が、学生の関心に沿って、役に立つように、また楽しませようと、その材料づくりやネタづくりをしようと思い、研究をしているのであれば、研究成果は、学生の学びたいこととめでたく合致し、その授業は学生の関心を引きつけるかもしれません。そのような魅力的な授業を展開している研究者の方々も日本中に大勢おられることでしょう。しかし、ここで述べていることは、今現在の日本では、研究することが、必ずしも学生の関心に沿うこととは制度的に合致するようにはなっていないということです。もちろん、そもそも大学の講義や学習課題が学生の関心に対してそのままに沿うものであるとは限りません。ただ、心理学の場合（も？）、期待とずれることがとても多いようです。心理学系の学習場面でのこのようなギャップは、学生も先生たちも認める毎年恒例の出来事となっていることは多く見受けられるので、敢えて強調させてもらっているのです。

これは先生や研究者が悪いのでしょうか？　必ずしもそうではありません。また、学生が悪いということでもありません。それは、構造的にもたらされているのです。構造的という意味は、そうなってしまう仕組み、からくりがあるという意味だととりあえず理解してもらえばいいでしょう。

いわゆる「科学的」心理学を研究している研究者は、実験、観察、調査などでデータを取り、それを統計的に分析します。学生はそれを楽しむ場合もそうでない場合もあります。心理学の一つのお家芸と言えるのは、研究方法の特色、データの取り方とその分析にあります。よく言われるのは、哲学や文学と異なる心理学の特色は「実証的」であるということです。本当にどれくらい実証的であるのかは、後の章で述べるとして、実証的により確実な事実と思えることを研究者が語っていこうと思えば、データを得ること、データを分析することは大切な過程です。その過程の大切さをわかってもらうことこそ、心理学教育のエッセンスであると思っている研究者の方々も多いことでしょう。私も基本的に賛同しますし、私自身も大学の中で、そのような授業を心がけてきたつもりです。どれだけそれが成功してきたかは、学生たちに問うてみないとわかりませんが……。

ここで重視されている考えは科学的真実です。心理学の研究者は科学者として真実を追究し、また、そのための研究方法としてさまざまな手続きがあるのです。もちろん、量的なデータ取りとその分析だけが唯一の研究方法ではありません。しかし、多くの心理学研究者が、そのような営みを現在行なっていることは事実でしょう。

日本心理学会第69回大会発表論文集を見ても、約97％の研究が何らかの量的データを扱った研究になっています。

しかし、入学してくる学生は、必ずしも科学的真実を期待しているわけではなく、心理学という名前から興味深い、また謎めいた「こころ」の不思議に触れられるかもしれないというイメージで入学してくることが多いのです。入学者の関心と研究者の関心はもともと別の方向を向いているのです。

そして、大学の教員の採用では、「学生が喜ぶ授業をする」ということよりも（もちろんそれも勘案されますし、その傾向は強まりつつあるとも思いますが）、その学問分野で研究業績を示しているかが重要な要件になったりしています。大学教員が、教員または研究者として、生きていくことを可能にする社会的な条件と、その大学、学科にどのような学生が入学してくるか、また、どのように宣伝して、志願者を集めるかは、それぞれ別の論理で動いているわけです。社会としては、大学という機関が必要で、入学者の需要もそれなりにあります。大学として成立するためには、その必須の構成要素として大学教員が必要ですが、その人材流動については、かなり大学教員どうしのいわば自治システムによって動いているため、入学者の要望と合致するように、教員構成がなされているわけではないのです。また、個々の教員自身が感じる専門性や自尊心がどこからもたらされるかというアイデンティティの問題などもありますが、その点は後に触れるとして、およそこのような大学というシステムの現在の特徴として、関心のミスマッチが生じ得るような仕組みがあるという点を指摘しておきたいと思います。

## 3 やりがいのある仕事

一方で、数量的なデータ解析重視の心理学研究とは違ったアプローチを好む研究者たちもいます。二〇〇四年に日本質的心理学会という学会が設立されました。質的心理学とは、質的研究を行なう心理学です。質的研究では、数字によるデータを扱うのではなく、観察して見いだされるさまざまなことを量に置き換えずに、ことばによって検討していきます。実は、これも質的データと言えるものですが、量的分析に慣らされている人にとっては、「データ」には見えないかもしれません。人から聞き取った、あるいは、人と語りあったその記録を録音したテープや、保育場面や介護場面を撮影したビデオ、体験したことを筆記したフィールドノーツなどさまざまな記録媒体から、さまざまなことを発見していくわけです。何かわくわくしてきましたか？　そういう人は質的研究に向いているかもしれません。端からちょっと見ているほど、行なうことは易しくはありませんが、やりがいはとてもあると言えるでしょう。

研究者たちの中にもそのようなやりがいを求める人たちが大勢います。そのやりがいを生む一つの要因は、何かしら現場に密着した発見を得て、役立つような知見を生み出しているという実感です。現場から見いだした知見ですから、少なくとも「現実離れしている」怖れは少なくなっています。現場の人とやりとりしながら研究活動をしているため、人と交流できていることの満足感も得られるかもしれません。しばしば深い、有意義な人間的つながりを持つこともできます。そして、自分の研究が残念ながらあまり役立つようには思えないときでも、研究していく中で、研究者は現場から多くのことを学ぶため、ありがたいことがたくさんあるのです。自分がどれだけ現場にお返しができるか心配になるくらいです。自分が教えられたこと、知ったことはたくさんあり、それは研究というだけでなく、しばしば自分の人生の糧となり、大きな意味を持った体験として根付いていくこともあります。そのような手応えを研究活動から得られるのはすばらしいことではないでしょうか。私も修士論文執筆の際には、さまざまなボランティア団体や環境運動の団体の中に入って、いろいろなことを学びました。とても有意義な体験でした。

あれっ？ でもこれって、「科学的」研究を楽しむ研究者と何か違いがあるのでしょうか？——現場から得られた事実に近い知見なのだ。このようなことが現場にフィードバック（お返し）できる——などと、理屈のうえではいろいろなことが主張できるでしょう。でも研究活動として、充実感やりがいや楽しみ（実になる苦しみも含めて）のため、やみつきになって活動している

**●表 2-1　モードⅠとモードⅡ**[☆2☆3]

| モードⅠ | モードⅡ |
|---|---|
| 学範内での貢献 | 社会への貢献 |
| 理論志向 | 課題解決的 |
| アカデミック | 実践的 |
| 学問コミュニティ内での活動 | 社会との協同 |
| 同業者からの評価が重要 | 社会からの評価が重要 |

とすれば，根本的に科学的研究を行なっている人たちと違いがあるのでしょうか。基本的に自分たちのしたいことの欲求にしたがっているので，どうだからという理由はもしかしたら後付けかもしれません。また，人が意識的に考えている理由が必ずしも行動の原因ではないかもしれないということも後の5章で取り上げます。

しかし，区別するならば，次のように分ける考え方はあります。モード論といって，研究から得られる知の形態としては，モードⅠ，モードⅡがあるという考え方です。佐藤[☆2☆3]を参考に表にしてみましょう（表2−1）。

モードⅠでは，研究者は科学的真実を探究していると考え，その成果はアカデミックな知です。人々にわかりやすく語ることもできるかもしれませんが，それは本質ではなく，わかりにくくても重要な知見です。たとえば，発光ダイオードは日常的な機械のランプや光に利用されていますし，光磁気ディスクなどにも記録媒体として用いられ，多くの人々が生活の中でその恩恵を享受していますが，その仕組みが本当にわかっているのは，社会の中のごく一部と言える技術者や科学者を中心とする人たちだけでしょう。難しいことでも科学的な発見や知見は生活や道具に利用可能であって、間違いなく役立つものがたくさんあります。人々はユーザーであればよかったりするので、学知を共有する必要は必ずしもありません。

それに対して、モードⅡでは、社会の側で、このようなことを知りたい、このような問題をどうしたら解決できるのだろう、という問題提起からスタートします。問題を解決することが目的であり、そのために必要とされることを調べていくわけです。調べ方自体は、量的な方法も質的な方法も用いられます。モードⅡだからといって、すべて質的研究ではありません。しかし、問題となっている場面や現場に役立つ知の生産を目指しているため、役立てる際には、わかりやすいことばに変換されていることが望まれます。その知見は社会で共有されやすいものですが、普遍的真実とは異なっているかもしれません。具体的な状況で役立てばよいため、その場面特有なものかもしれません。ある種のタイプの病院での看護の方法を知ることは、ヒトの一般的、普遍的な特徴を抽出したものではないかもしれません。もともとそのような普遍法則の抽出を必ずしも目的として研究を行なわないため（ただし質的研究でも一般法則の抽出を目指すものもあります）、「科学的」心理学の研究者から、その「科学性」を疑われ批判されても、論点がずれているのですから関係ありません。思い切って簡単に、また極端に言えば、現場研究者は、「自分たち自身も納得ができる現場的に有意義な知」を生産しているため、このやりがいに叶うような成功が努力として目指されるべきものであり、普遍的真実という概念は不要です。さらに、人間世界の現象として、そもそも普遍的真実というものは存在しないということを明確化させて研究を行なっている人たちもいます。そのあたりは、10章で改めて取り上げます。

ある意味では、モードI的研究者は、より普遍的に見えることの追究に喜びを見いだし、モードII的研究者は、現実とつながっている実感をより持てるような研究に喜びを見いだす傾向があるということでしょう。もちろん、「好み」だけですべてが終わるわけではありません。好みはしばしば研究の出発点になりますし、人には説明しきれない、自分にとっての根本的なその研究活動の意義をもたらしているかもしれませんが、研究を継続していくと、いずれの場合も、「どうしたらもっとうまくいくか」「よりよい研究とは」という問いが頭をもたげ、それを解決していくためには、いっそうの工夫や努力による研究の改善が必要になってきます。

現場に近い研究を行なっていても、それが必ずしも本当に現場に役立っている実感はしばしば持ちにくいもののようです。現場を深く知れば知るほど、自分が行なっていることがどう役に立つかに疑問を感じたり、どうすればいいか道に迷ったりしてしまうことだってあるでしょう。いずれの研究にとっても重要なのは、軽い自己満足のレベルに留まるのではなく、それぞれの方向へ向けて向上させていく意志を持つことかもしれません。また、研究といっても、真実一筋のような単一の方向性が必ずしも共通にあるわけではなく、研究者という人間一人ひとりの関心に基づいて、多様な形態があり得るということです。

さて、モード論では、これまであまり注目されてこなかったモードIIの意義を強調することが行なわれています。アカデミック至上主義のような旧来の学会で、冷遇されてきたモードII的研究の意義を強調し、広く承認を図る意味合いがあります。

しかしもう一周回って考えると、社会に役立つ研究、社会的意義をもった研究という発想は現在ではマイナーであるどころか、科学研究費の申請でも記すべきことがらであり、大学や研究の世界では日々そのような社会的有用性という観点からの意見や批判の大合唱がなされているようにも見受けられます。

私は、どちらかを強調する必要もないし、勢力争いをする必要もなく、バランスをとればよいと思っていますが、モードⅡの高らかな登場という現在の時代的背景において、モードⅠがどのように捉え直されるかをここでふり返って少し考えてみましょう。

## 4 役に立つって?

たとえば、パソコンを利用している人の多くは、どうしてパソコンがそのように働いているのかわかっていません。ユーザーというのはそういうものです。また、ユーザーにとって、利用の仕方の説明であるマニュアルはもっとわかりやすく書かれているように工夫されなくてはならないかもしれません。しかし、パソコンを開発する側が、その仕組みを全く知らないのでは困るでしょう。新しい技術を生み出すような知の最先端では、他の誰もわかっていなくても、そこで働いているような人たちだけが理解しているような知識が当然あるものです。そして、そういう知識の進展や生産をバックアップする仕組みが社会にないと、技術的進展は止まってしまうでしょう。企業がいっさいの研究費を出さない、公的な予算で研究を支援しないという社会での、知の創造は難しいでしょう。不可能ではありませんが、どんなことでもある程度の発展を期待する場合には、裾野も広く、層が厚くなる必要があります。本当に有用なものの生産がほんの一握りの成功事例によって担われていたとしても、そこに日の目を見なかった多くの研究があることが必要です。スポーツでも特定のスポーツを強化しようと思えば、そのスポーツ人口を増やして、多くの子どもたちが取り組んでいる中から、選抜した層にジュニア時代から水準の高い養成を行なっていくことが役立ちます。結果的に強くなった選手、うまくなった選手が輩出されていく基盤が裾野の広さにあるように、研究や開発の場合にも、多くの研究者が取り組んで、うまくいかなかった研究もたくさんある中で、その中からわずかのヒットが出てくる、そんな仕組みも必要なのです。

できあがった製品などについてわかりやすい説明をすることは、社会的にとても有用です。しかし、そのような説明をする人は、先端の開発を担った人でもそうでない人でもかまいません。人には得手不得手があり、自分ではすごくよくわかっているけれども、その自分の理解構造を他者に変換することができないで、説明下手な人もいるでしょう。何でもうまいに越したことはありませんが、説明が上手な人がある程度いれば、説明はその人たちに任せて、先端の開発に神経を集中させる人がいてもかまわないでしょう。

ここで述べた新しい技術の開発という例は、社会への有用性がわかりやすいものです。公的な支援は、そのようなものだけでよいのでしょうか。近年、研究の世界でも世の中に役立つもの、有用なものを求める圧力が高まっています。しかし、「役立つ」という考え方は、よく注意しないととても薄っぺらなものになりかねません。何が役に立つか立たないか、この考え方の裏には、有用性というものが人間に容易に判断できること、わかることだという暗黙の前提があるように思います。

5章で取り上げるように、実は人間というのはそもそも真の原因や効果に気づかないことが多いものなのです。役立つかどうかはずっとあとになってわかることや、徐々に影響が現われることもあって、たいへん難しいものです。たとえば、私は、修士課程で臨床心理学、とりわけパーソン・センタード・アプローチによる臨床の訓練を受けました。短い期間ですからどれだけ実りがあったか、長い間臨床を続けている人から見れば、ほんの遊び程度のものだったろうと思います。しかし、その経験は私にとってはとても大きなものでした。今でも自分の人生に役立っていることを確信しています。何がどうと説明しなさいと言われてもとても難しいのですが、私が、生きるうえで、人とかかわるうえで、そのすべてにわたって影響を与えているといってよいと思います。少し、話が脱線するようですが、重要なことなので心理学の教育について述べてみます。

大学に入ってくる新入生や、オープンキャンパスなどの高校生向けの大学案内の催しに訪れる高校生やその父母たちからよく尋ねられることに「心理学を学ぶと就職にどう役立ちますか?」

という問いがあります。問う方は、本当に短期的に、「心理学を学ぶとこれこれの資格を取得することができ、それが、これこれの方面の就職には有利です」というような回答を求めているのでしょう。会計士の資格の取得などであれば、本当にそういう意味で役に立つかもしれません。

でも大学の勉強というのはそのようなものなのでしょうか。私は、オープンキャンパスでも、心理学を学ぶことが一生役に立つと答えています。どこか特定の業界や職種に就職上有利ということはないものの、一旦心理学を学べば、職場の人間関係だけでなく、すべての人間関係、人生の過ごし方において、その影響を受けるはずです。きちんと心理学を学んでよい影響を受けた人は、就職や職場などといった小さな世界にとどまらず、もっと大きな視点から自分の人生全体に対して、よいスタンスを獲得できるはずです。必ずしも実際に人間関係が上手になって、ストレスをうまく管理できるなんていうようなことがなかったとしても、獲得された視点というものが大切で、それは何物にも代えがたい自分の人生の充実感や幸福感に影響してくるはずです。そして、学問とはそういうものなのです。

心理学に限らず、人文分野の学びには、根本的には、「人間とは、人生とは」と思考し、考え抜いていくことで、いくらかでも見えてくるものがあります。そのような思考の時間が大学での学問だと思います。高校生までのようにすぐに答えを出そうとしたり、正解が何かを知ろうとするのではなく、もっと根本的なこと、本質的なことに向けて思考を深めていく、そんな方法、生き方を知り、実践していく、それが大学での勉強ではないでしょうか。

大学に入ってくる層が大衆化し、そんな哲学志向を持つ知的エリートはもういないなんていうのは言い訳に過ぎません。どんな人だって、ある程度は、適切な誘導によって、「自分」「人生」に関心を持たない人はいませんし、そこをどう考えていくかの指導ができないのなら、大学の先生の側がその力不足を批判されても仕方がないでしょう。心理学で言えば、さまざまな問いを問い続けていくこと、多様な視点で、自分の行動、他者の行動の解釈を広げ、柔軟に理解していくこと、そのようなことがあり得るという筋道を示すだけでも大きな意義があります。

さて、脱線からもとに戻りますが、このように人生を考える人文学は、技術のようにすぐに社会に役立つなんていうことはありません。しかし、人間について深い理解をし、ある意味では人徳を深め、人間性を高めることが学問の効果としてあるならば、大学教育がない場合に比べて、大学教育があったほうが、むだないさかいが少ない世の中になるのではないでしょうか。偏見や差別や紛争を減少させるかどうかも人生態度の問題がありますし、そんなことを考えたこともない人たちが不毛な争いや日常のいざこざや喧噪を増やしているということも考えられます。

教養を持つということは、他者の心情を思いやったり、自分の思い込みの観念から離れて一旦他者の立場や視点に立ってみたり、重要な選択・決断にあたって、短期的な自己利益だけでなく、長期的な見通しや効果も視野に入れて考えることができるということです。もしも現実の大学教育がそれほどの効果を果たしていないとすれば、大学の教育を改善すべきですし、たとえて言うなら、何度かの飛行実験に失敗したからといって、人間が飛行機を製作できないという結論にはならないのと同じで、一気に大学教育が不要だということにもなりませんし、改善は可能なはずです。効果は１００％でなくても、20％が40％に向上していくだけでもたいへん意味のあることだと思います。いくつかの反証事例を挙げても意味はありません。効果は１００％ではないのですから。

人間性を高めると言っても、そんなおおげさなことを言っているわけではありません。聖人君子のようになるということではありません。たとえば、相手の立場や状況も全く見えずに、キレたように暴力をふるうというのではなく、いくぶん他者の立場を想像できる、その背後にあるものについていろいろ思いを巡らせることができる、そういう姿勢を持てることが教養を持つということであり、それを人徳と称しているわけです。小説を読んでさまざまな人生を知ったり、他の文化に生きる人の生活を知ることで、自分の信じていることが必ずしも絶対ではないことがわかったりするだけでもそれは自分の人生を豊かにすることです。

さて、このようにより広い視野で考えれば、心理学を含む大学の人文教育は役に立つものです。しかし、「役に立つ」という表現にはもう違和感を感じるのではないでしょうか。それは、職業生活や功利的な側面での有用性を語っているのではなく、もっと人生の本質に関わることと述べました。つまり人文学というのは、人間性を豊かにしたり、ひいては、文化を豊かにするものであり、それを通して、生きている人々に精神的に豊かな人生、充実感の持てる人生を歩みやすくしていくものです。技術などの功利的に役立つものばかりだと、ぎすぎすして結局生きにくくなるのではないでしょうか。文化や精神的なゆとりを欠いたところに気持ちのよい人生があるでしょうか?

したがって、そのような人文学を私たちは社会の宝と考えて、公的に支援をするのです。国立の美術館や博物館があるように、公的な予算で人文研究が運営されていく必要があるのです。それ自身ではすぐ目に見える財を生み出さないため、自力で採算をとるのは難しいことです。しかし、人生を学び、考えることが社会関係の調停や戦争の回避、平和の達成に資するならば、「戦争が起こらない」ということで、間接的に多くの富を生み出し、損失を回避しているとも言えます。このような広い視野で学問の意義を考えられないような人が、予算配分を行なって教育方面の予算を削っていくと、社会全体にとってよいことにはならないでしょう。

確かに、学問が逆に戦争に利用されたり、とりわけ心理学などが軍事に役立てられたり、学問によって戦争を回避できていないという批判もあるでしょう。かえって、大学が紛争の出発点になったり、学問や思想から革命の戦争が生じたり、自分たちの信じる思想を世界に広めようと戦争をしかけていく場合もあるでしょう。

しかし、社会的な革新は、よりよい社会がつくられていくプロセスであり、また、最終的に誤った戦争行為を反省し、今後どうするかを考えていくのも一つの学問たりえます。時どき悪影響を持つから、全部捨ててしまえと考えるのは、「赤子を流す」ような所業です。人を傷つけたからといって、そのカッターナイフを焼却しても解決しないでしょう。視野の狭い人は、100%

● 表 2-2　視野による考え方の違い

| 視野の狭い考え方 | 視野を広く持った考え方 |
|---|---|
| ・短期的な効果しか考えない<br>・すぐに役立たないと有用性が感じられない<br>・役に立つ＝実利的、功利的に考える<br>・文化の効用について考えない | ・長期的な効果も考える<br>・間接的な効果についても想像可能<br>・社会関係の成立基盤にまで目を向ける<br>・文化が社会に果たしている役割を自覚できる |

善玉でよい効果を持たないとだめだと批判するかもしれませんが、このような考えから開放されて、もっと広い視野でものごとを見つめられるようにすることこそが、大学教育と言ってよいでしょう。

したがって、本章の結論を言えば、心理学をはじめ人文学などは、一見、世の中の役に立っていないように見えますがそれでよいのです。もっと広く深いところで、多様な文化の生産はよりよい社会関係の成立のためには必須の条件であり、そのような社会の成立基盤の本質的な部分に資しているのが人文学であり、それは「役に立つ」などといった浅い次元ではなく、社会に欠くべからざる精神的活動なのだということです。いくぶん皮肉まじりに、有用性を合唱する視野の狭い考え方と、視野を広く持った考え方との違いを対照させて示しておきましょう（表２－２）。

視野の狭い考え方に基づくと、目の前にいる人に感謝されないと寂しいと感じてしまうかもしれません。視野を広く持てば、社会の中で自分の果たしている役割を幾次元にも重ねてより抽象的に理解することができ、そこに自信を持つことも可能でしょう。

このように心理学は、目的や方法も一様ではなく、またたくさんの領域を持っています。少し目を転じて、次の3章ではどのような心理学の領域があるのかを見てみましょう。

# 3章 どのような心理学があるのか

## 1 発達心理学

たとえば、子どもの発達に関心があったとします。ですが、その関心のあり様はさまざまでしょう。人間という生物の一般的、普遍的な性質を知りたいと思う人もいるでしょう。人間の発達の様子を検討していくことから、人間という生物についていろいろなことがわかってきます。人間がどのようなメカニズムを備えているか、何をなしやすく、何をなしにくいかを知ることでも多くのことがわかります。

しかし、世の中で子どもの虐待が起こったりしていることに心を痛め、何とか皆が少しでも充実感の持てる子育てができるようにするにはどうしたらいいのだろうかと思う人もいるかもしれません。身近な体験や自らの体験から、このような子育てができたら、このような子育てになってしまわないためには……などとさまざまな思いで、研究をしている方もおられるでしょう。そこでは役立つ実践的な知が求められます。ある場面で子育てをしている人にとっては、類似の状況、立場で子育てをしている他の人の話やエピソードを聞くだけで、救われたり、自分の子育てに役立ったりすることもあります。普遍的真実は関係ありません。情報として、あるいは話を聞いて役に立つと感じるものがあればそれこそがよいのです。

そこで、研究者としては、咀嚼しやすいエッセンスをうまく料理して、実践者に提示することが仕事になります。つまり、現象をすくい上げたり、まとめたり、うまく整理したり、関係づけたりすることができたらとても役に立つわけです。少数事例すぎて一般性がないなどという外野の声はどうでもいいことなのです。少し大げさに言えば、ここには研究者としての生き様がかかっていますから、自分自身が納得いくような方向性で、研究が行なえているかどうかが一つには大切なことなのです。ちょっと議論が抽象的でしょうか?「イメージがわきにくいなぁ」という方は、10章を先にお読みいただいたほうがわかりやすいかもしれませんね。このように発達という領域一つとっても研究者のスタンスしだいで、目指す研究、そして、実際に行なう研究の仕方が異なるわけです。

## 2　社会心理学

社会心理学でも、具体的な社会問題の解決に役立とうという研究と、人間の社会的な性質についてより一般的なことを知ろうというのとでは異なってきます。一般的なことってあるかって？

人は直前に経験したことを行動としてとりやすくなりがちです。これは100％ではなくて、確率的な世界ですが、行動の出現率の蓋然性が変わるわけです。お金の節約について、芸能人の「一ヶ月1万円生活」などのテレビのバラエティ番組を視聴した直後では、買い物をするにも何かしら節約的になり金額が普段よりも気になりますし、自分のサイフの中身も苦しい錯覚を持ってしまう人もいるかもしれません。自動車事故の話を聞けば、運転がそのときは慎重になったりします。思い浮かびやすくなっていることは行動に影響を及ぼします。これは割合一般的なことであり、アメリカ人でも日本人でもそう変わらないことであると思われます。もちろん文化によっていかに異なるかなどの研究もなされています。

社会心理学と聞くと、社会的な事件や出来事にかかわっているイメージを抱くかもしれません。新聞の社会面、いわゆる三面記事の領域の犯罪の問題や社会をにぎわすような現象、たとえば、流行やブームなどのことです。確かに、それらの問題も扱っていますが、そのようなおおまかに言って社会領域といえるものと、もう一方では、人間関係領域というものも扱っているのが、社会心理学です。日常の友人関係や恋愛関係、そこでの魅力や好意の問題、その基盤をなす人の印象や対人コミュニケーションの問題、人間どうしの影響関係や力関係、集団でのリーダーシップ、人と人との間での助け合いや協力、また、競争、対立などです。このような人間どうしの間で展開されるさまざまな現象を社会心理学は扱っています。つまり、ここでの社会とは人の集まりという側面があり、「人の集まり心理学」「人間関係心理学」という領域が含まれていて、近年は盛んに研究が行なわれています。この領域は大学新入生にとっては、「心理学」でイメージすることがらに比較的近い日常的な側面を扱っているので、とっつきやすい面があるようです。ただ、それが「社会心理学」であったとは、たいていは知らなかったようです。

社会心理学については私の専門でもありますので、4章、5章で改めて、今挙げたものとも少し違う「ものの見方、考え方」にかかわるような社会心理学を中心に取り上げることにします。

## 3 臨床心理学

臨床心理学は、心理系の学科に入学してくる大学生たちの実に多くが関心を寄せる領域です。いわゆるカウンセリング、セラピーを扱う領域であり、心の悩み、神経症、精神病などについて、理解を深めるとともに、その対応の仕方を流派によって、技法的に、あるいは実習的に学んでいきます。臨床の方法は、その人間理解の仕方と表裏一体ですから、人間をどうとらえるか、そして、どのように人間は変化、成長するかという理論についてのそれぞれの立場からの考えに基づいて、さまざまな臨床的営みが実践されています。

少し挙げてみても、精神分析的療法、行動療法、認知療法、パーソン・センタード・アプローチ（人間中心療法）、家族療法、コミュニティアプローチなどさまざまな理論、療法があります。学部段階からどれくらいの実習を経験するかは大学によってまちまちです。流派が異なれば、学ぶことが全く違うということもあり得ますから、自分の関心に沿うかどうか比べてみることも役立つでしょう。

特に、臨床心理士になりたいという方は、どの大学の大学院を選ぶかは重要な点ですので、前もってよく調べたり、しかるべき人に相談することが大事でしょう。臨床心理学は、もともと心の病への実践的対処の学問ですので、現場に役立つことを重視する傾向が見られます。もちろん、流派によって、理論的学習への重視の度合いはかなり違いがあるようですが、特に大学院では、いずれにしても現場で起こることを学習したり、体験したりすることが、学習の重要な要素となっていることは間違いありません。学習の目的が現場で役立つことですから、実践的な知を重視する姿勢があって当然でしょう。

ただ、近年では、実践を裏で支える実証性にも目が向けられ、実証的証拠に基づくエビデンス・ベーストな療法を探究していく動きもあります。そしてその下支えになるように、人の人格や異常的側面を実証的に理解するために、異常心理学の理論的充実を図る積極的な動きもあります。実践を行なう人にとっては、具体的な場面で、どう動けばよいのかが気になる点ですが、どうしてここでこうでなくてこうしたほうがよいのか、つきつめると、そこに依拠できるような、そして自分の指針となるような理論が渇望されるという点もあるわけです。エピソードだけを参考にしていると、2つのエピソードが違う方向を示していたり、結局どちらを選んだらよいかがわからなくなります。

このような不安をセラピスト自身がきちんと引き受けて、安易に理論に頼らずに実感を重視していくという行き方もありますし、なぜここで迷いが生じたかを広い視野で相対的に考え直してみることで、そのセラピーでの行き詰まりや問題点が見えてくるということもあるでしょう。しかし、セラピストたちがなぜそのように動いているのか、しばしば医師や看護士たち、教師たちに説明し、理解してもらわねばならない協同的な場面も多くなっています。他者に向けられた勘以上の「ことば」が必要とされていますし、そのようなことばをもたらす実効的な理論やモデルも現在では必要とされつつあるでしょう。

いずれにしても、臨床の修行は苦労が多く、興味半分では長続きしません。新入生の80%が臨床に関心があるという大学でも、その就職の厳しさに給与待遇の悪さが相まって、四年生段階になると臨床を志向する学生は20%を切るという状況は普通に見られます。病院などに行っても、医師の指示に従った補助的なメンタルケアや心理テストにもっぱら従事させられる場合もありますし、社会的地位も不安定です。このようなことに気づいて医学部に入学し直す人もいます。臨床心理の素養を身につけて医師になれば、業務としては医師の仕事とカウンセリングの両方を行なうことが可能です。ただ、精神科医は通常多忙で、じっくり患者さんの話を聴くのが難しい状況です。現在の制度では医療分野でのカウンセラーのできることは、やろうと思えばすべて精神科医ができることなので、医師のほうにより魅力を感じる人もいるわけです。ただ、カウンセラーは医療方面以外にも、教育や障害・福祉・労働・法務関係など多様な分野で活躍しています。

## 4　個人差の心理学および心理統計学

性格や知能の個人差に注目する分野もあります。日常的に私たちが感じる人の性格の違いについて、本当のところはどうであるのか、どのような根拠に基づいて違いが発生しているのか、また、それはいかにして測定できるものなのかなどについて研究が重ねられています。個人の違いは身近に関心が持たれる現象なので、入っていきやすいように感じるかもしれません。ただ現在、測定の面では数量的な処理がほとんどですので、尺度を扱う統計的知識や技能も必要になってきます。そのような点で、心理学の多くの量的研究で用いられている統計の知識を深め、開発していく分野として、心理統計学があります。学力検査の測定上の問題や、ひいては、学力や遂行の評価についても視野に入れた測定・評価ないし、数理・統計の分野として、日本心理学会や日本教育心理学会の発表分野に、心理統計学は毎年含まれています。

個人差をどのように見るかはつきつめていくと難しい問題で、性格の違いなどもそもそも安定してずっと続くものだという暗黙の考え方が背後にあります。この背後の考え方から見直して考えていくことを始めなければなりません。5章でも取り上げますが、人は他者の性格が一定で、行動から性格がわかるものと過剰に考えがちです。しかし、人の行動の特質、特徴は状況によってかなり変化し、むしろ、状況+行動特徴のセットで説明する——たとえば、先生に注意されたときには、反発を示しやすい——というように、それはけっして「攻撃的」「反抗的」と簡単にはくくれないような、「状況特有の反応の特徴」と言うべきものではないかという考え方があります。[☆1]

また、性格テストは、新入生がしばしば考えているようなテレビで見る心理テストとは全く異なっており、このような検査(テスト)も自己報告で回答する場合、どのような歪みが生じるか、あるいはそもそも人が自分のことを自己把握できているかどうかなど、案じるべき点はたくさんあります。そして、そのからくりを学んでいくことも大学での性格心理学、パーソナリティ心理学という授業の面白みではないかと思います。

## 5 知覚心理学・認知心理学

これまでのわりあい具体的に想像しやすい現象を扱う心理学分野と比べて、その現象が実社会の中ではもっと見えにくいようなプロセス、しかしながら人というものの活動の基盤をなしている基礎的なプロセスに関心を向けた分野があります。それが、人の認識などを扱う知覚心理学、認知心理学です。

目の見え方といったことも大事な心理学分野です。私たちは、外界の写真を撮影するように「モノ」を見ているのではありません。目がカメラと同じなら、見えている映像は、印画紙に映るように網膜に写った像が見えているだけとなるかもしれませんが、そうではありません。網膜の像がカメラのようなら、人が近づけば像は大きくなりますし、離れれば小さくなります。しかし、私たちの心では、友だちの大きさが大きくなったり小さくなったりしているとは感じません。

錯視図形の例にあるように、私たちの認識は物理的な絶対量には必ずしも対応していないのです。「このように世界が見えたほうが適応的である」というそういう基準で目という装置は進化し発達してきましたから、私たちの目や耳などの感覚器官は、物理量を客観的に捉えようとする物差し的な測定を目標にしてはいません。前後左右に動いていても、後ろを向いていても、明るいところにいても、もっと暗い場所にいても、同じ人だと認識できるような装置のほうが便利です。また、網膜像は平面ですが、私たちは三次元の世界に生きていますから、遠近などの距離感も取り入れてうまく見えるように処理をしなければなりません。離れているものにも手を伸ばしてうまくつかむための空間的な位置の認識や、動くものの動きを予測する、隠れている部分を適切に想像するなど、生活をするうえで必要な視覚情報処理の技能はさまざまなものがあります。これらを研究することで、人間の情報処理の重要な一端を把握すると共に、応用的に適切な視覚情報の提示を工夫することや交通関係の事故を防ぐための手だてを考えることができます。

このように感覚・知覚情報処理を扱う分野として感覚心理学、知覚心理学があります。感覚よりも知覚のほうがより高次の情報処理過程をイメージする概念になっていますが、近年6章で述べるような神経的な研究もどんどん進展し、非常に面白い領域になっています。

人が経験するさまざまなことを外界からの情報の入力ととらえれば、人はその情報を加工するなどの処理を施して、その結果としての出力に判断や思考、感情、態度、行動などが現われてくると考えられます。このように人の内部で行なわれている処理を一種の情報処理であるととらえて、そのプロセスの探究を行なう方法を情報処理的アプローチと呼びます。認知心理学という領域が主としてそれにあたっています。認知心理学では、人が知覚し、記憶し、思考し、問題解決するなどのおもに知的な情報処理について研究が行なわれ、人のさまざまな知的活動がどのように可能になっているのかというその仕組みを解明しようとしています。

たとえば、知覚が外界のそのままの写真でないように、記憶というものも、ビデオのような出来事の記録ではありません。人の注意や記憶には軽重があり、特に印象に残り、記憶に残りやすい点もあれば、そのときの状態、条件によって記憶があいまいで、変化しやすい状態になっている場合もあります。何らかの外的な影響によって、記憶が塗り替えられたり、事実と変わってしまったりする場合もあることが、目撃証言の研究など[☆2☆3]によって明らかにされています。

## 6　心理学のモデル

一つ記憶にかかわる理論を紹介しますと、図3－1のような記憶の意味ネットワークモデルを挙げることができます。これは、記憶内では、意味的に関連のあるものどうしがネットワークのように連結しあっていると考えるモデルです。楕円の中には概念がありますが、この楕円をノードと呼びます。ノードどうしをつなげている線がリンクです。ある単語を見たり、聞いたり、あるいは思い浮かべたりすると該当するノードが活性化します。働きが活発になると考えるといいでしょう。面白いのは、一つのノードが活性化するとそれと連結している他のノードたちにも活性化が伝わっていって、次々と活性化が広がっていくことです。これを活性化拡散と呼びます。

活性化拡散を利用した興味深い現象にプライミング効果と呼ばれるものがあります。それぞれの概念が活性化している様子を単語の認識を通して検討するのです。2つの単語を連続して実験参加者に見せます。先に示した単語と後から示した単語の

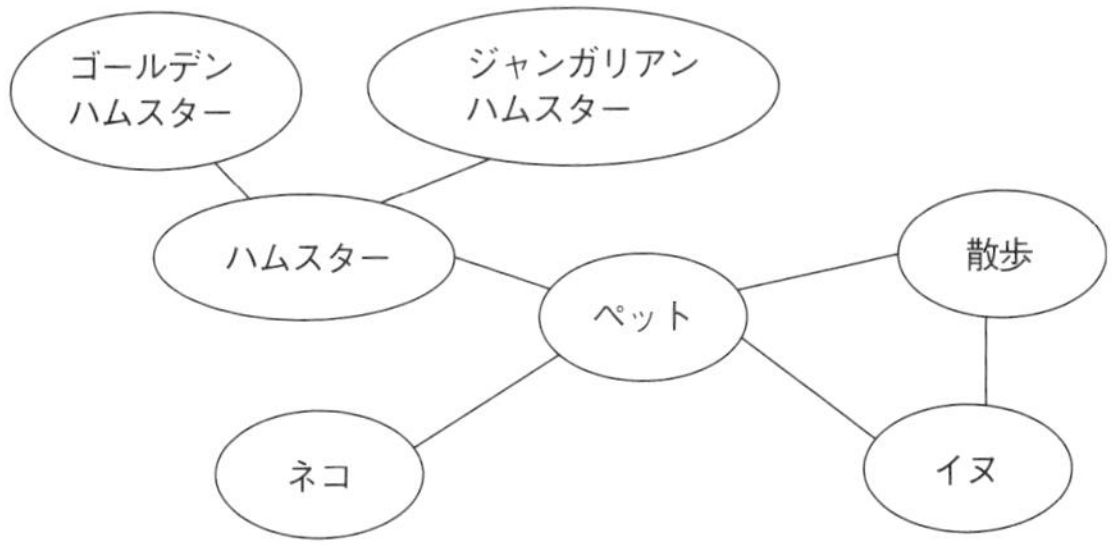


● 図 3-1　記憶の意味ネットワークモデル

間に意味のつながりがあるか、ないかで、認識のスピードが変わるのです。関連のある場合には、後から示した単語の認識が速くなります。たとえば、その単語が日本語であるか、ひらがなを連ねただけの意味のないものであるかの判断をするスピードを測定することで、その認識の速さがわかるわけです。後から示す語が同じ「つくえ」という語であっても、先に示された語が関係のある「いす」である場合のほうが、関係のない「はた」などが示された場合よりも反応が速くなるわけです。このように、先にある語や概念を処理することが、後続の概念処理を促進する効果があるという意味で、古典的なプライミング効果は定義づけられています。

しかし、注意してください。このようなノードがそのまま脳の中に実体としてあるものだと考えると間違えてしまいます。ある単語一つに該当する脳細胞が一つあって、それがこのノードのように活性化して他の脳細胞に活性化を伝達するのではありません。実際には、ある概念を頭に思い浮かべているときの脳の状態は多くの脳細胞の活動に支えられていて、特定の一つの動きが対応しているわけではありません。一つの概念やことばを、たくさんの脳細胞が協力してつくり上げているのが実態です。

それでは、「ノード」や「活性化拡散」という考え方は意味がないのでしょうか。これが、とりわけ基礎的な心理過程を心理学で学ぼうとする場合の一つのネック、障害になる部分です。ある人たちは「こんな実体のないものを考えても意味がない」「空想的なことがらを理論的にこねくり回してるだけだ」などと考えて、拒否感をもったり、離れていってしまったりします。このような心の描き方にピンとこない人は、何だか変だなという違和感を持ち続けて、なじめない感じを抱くでしょう。

しかし、これが実は、心理学というものをよく理解するためには重要なステップになるのです。記憶の理論が重要だという意味ではなく、このように仮説的な概念を設けるということです。

実は、意味ネットワークモデルを考えることの価値は、脳の中身の実態はどうであっても、人の認知メカニズムが果たしている「機能」をある程度うまく表現できているという点なのです。それでも怪しいでしょうか？

これを理解するために、ちょっと話を変えてみましょう。天気の話です。日本列島に台風が近づいてくると皆さんは天気予報をよく見ることと思います。北西太平洋で発達した熱帯低気圧の風力の最大が秒速17・2m以上になると台風と認められます。しかし低気圧という「もの」が浮かんで飛んでいるわけではないですよね。そこには大気や雲があるだけです。そもそも「気圧」「圧力」といったものが、「ほら、これが圧力」といったように目に見えるものではありません。コップや手がここにあるというのと同じように「圧力」というものがあるわけではありません。それは現象であり、ことがら、出来事であって、ものとは違うわけです。何か測定する道具を用意して初めて目に見えてその働きがわかるのです。どうですか？　心理学が扱う現象と同じようだと思いませんか。

コップを机の上に置いて、上から手で強く押さえたら割れるかもしれません。手が圧力でしょうか？　手だけあっても圧力にはなりません。コップだけあっても通常はそのように割れるような圧力はありません。つまり、圧力は手がコップに対して及ぼしているものであって、手とコップの間の関係として生じている事態なのです。ところで、手がなくても、この地上では、コップには、その上の空気から圧力がかかっています。空気とコップの関係です。たくさんの空気がコップを押していてこれが気圧ということです。これは、空気による力のかかり具合であって、空気が今どういう働きをもっているかという視点から、気圧という現象が読み取れて、把握できるわけです。空気がこの地上のものに及ぼす影響を考える場合、「気圧」という概念を考えると便利で、気圧が高いほうから気圧が低いほうへと空気が吹き込んでくるので、低気圧の中心で上昇気流が発生して、雲が形成されやすくなるのです。そして、雨となって地上に水滴が落ちてきやすいことになります。この一連の現象を理解するキーワードとして気圧という考え方を取り入れたほうが天気の現象を説明したり、予測するのに役立つのです。

これと同じように、実体がこれだというものがなくても、ノードという概念を用いて、その働き具合を活性化拡散現象ととらえることで、単語認知で起こっていることをうまく説明することができます。このような概念を仮説構成概念と呼びます。実は、心理学の理論は、仮説構成概念だらけです。それはけっして実体がない幻ということではなく、実は、心の「働き」を表現しているのです。このような働きを機能と呼びます。多くの心理学理論は機能の学なのです。

単語の意味を認識していくプロセスでは、脳は意味的に関連するものを認識しやすくする働きを持っています。この機能をうまく表現するのに活性化拡散理論は役に立つわけです。説明に役立ち、さらに別の現象をも予測できるのであれば、その仮説構成概念は有用です。そして、そのような仮説構成概念をいくつか用いて、その仮説的な関係や働きを描いていく、たとえば、ノードとリンクというものがあって、一つのノードが活性化すれば、活性化がリンクを伝わって他のノードの活性化を引き起こすというようなまとまった考えを、仮説的なモデルと呼びます。あるモデルを用いて、うまく現象が説明できて、予測ができれば、そのモデルは有用なモデルということになります。そして、このようなモデルをつくっていくのが、心理学の理論なのです。

もっと日常の現象に近い心理学である、愛着スタイル、態度の類似性、認知の斉合性なども仮説構成概念に基づいたモデルです。また、モデルが予測するプロセスはしばしば人間の意識というシステムを通る必要がないので、日常生きている人々にとっては無自覚的に行動選択しているような出来事の説明になります。したがって、態度の類似性と対人魅力という現象、すなわち、態度が似ている人どうしのほうが好意を抱きやすいといった社会心理学の中における相当頑健な現象についても、「そんなことをいちいち考えて友だちになっているわけじゃないのに」といったとんちんかんな感想が出てくるのは、実行者の意識というレベルと、モデルによる説明といったレベルを取り違えて不正確に理解しているためです。

このあたりの学問の基本的な仕組みを理解していないと、とんでもない方向へ思考が流れていって、道に迷ってしまいます。初学者が心理学の概念や理論を難しく感じるときはたいていこのように構成概念としての考え方になじめないなどといった問題があるといっていいでしょう。わかったようなわからないような感じです。少し違うかもしれませんが、算数でつまずく子どもの中には、分数の割り算で、分母と分子をひっくり返して掛けるんだよと教えられて、それがなぜだかよくわからず納得できないまま、何となく算数への理解が宙ぶらりんな感じがして、興味が失われていくといったケースがあるようです。

授業で説明された心理学モデルに直観的に違和感を感じて、「おかしいな」「納得できないな」と思いながら学習を無理に続けていると、当然興味が減退してくるでしょう。それはある意味では正しいことなのです。ただ、学習するスタンスの取り方がちょっとうまく器用にできなかったからだといえるかもしれません。

それは、9章で改めて詳しく議論しますが、心理学のモデルを真実だ、実体だと受け取りすぎていたためということではないでしょうか。高校までの学習にもたくさんのモデルはありますが、高校で学習していることは何となくいずれも正しい真実が伝えられていると感じがちです。実は、歴史的な発見や理科のモデルで結果的に不適切だったものも現われてきます。しかし、高校での学習ではあまり疑うとか、批判的に見るなどといったことが十分推奨されない、あるいは、受験というものが待ちかまえていて、そのような学習スタンスをとっているゆとりがないという事情が災いしているのでしょう。

大学では新入生に、「正しい答えのわかっていることがらを学習するのではなく、自分で考えることが大事だ」とよく言います。本当にこの意味がよく伝わっているでしょうか。「なんかもっと考えないといけないようだ」程度のお題目にすぎなくなっているかもしれません。

しかし、心理学（だけでなくて経済学でも社会学でも）のモデルは仮説的なモデルですから、現象が大体うまく説明できているうちはいいのですが、さらに研究が進んでいって、そのモデルではうまく説明できないような、矛盾する現象が見いだされてくるかもしれません。このような事情は物理学など自然科学分野でも同じです。そうすると、もっとあてはまりのよい新たなモデルをつくろうという努力がなされて、以前のモデルは廃棄されるかもしれません。学問研究というのはそのような営みなのです。大学という学びの場所で、学生たちに経験してもらおうとしばしば考えられているのはこのような学問体験であって、それはつまり真実を追究していく過程は創造的な過程であり、何かが絶対に正しいとは簡単に考えずに、問題がないかどうか批判的に熟慮し、モデルを壊しては、また新たに打ち立てていく作業なのだということです。

ところが、この基本的な学びのスタンスが十分浸透していない状態で、学習を行なっていくと、「おかしいな」と感じた後のプロセスがうまく進まないことになります。疑問を感じることは正しいことであり、そのような意見を抱いたら教員に質問したり、議論してみることです。これが本当は期待されるプロセスでしょう。ところが、「正解」があると思わされてきた学生たちが、「授業では正解が語られているはずだ、それが納得できないのは自分の理解が悪いか、自分がいけないのだ」と思うのも不思議ではありません。むしろ疑問を大切にとっておいて、それを追究して育てていく中で、思考の成長があり、学問が進展していく体験の一部なりとも得ていくことができるはずです。教員が学生の疑問を尊重し、それとつきあっていくのが望ましい対応なのでしょうが、大人数の講義や多忙な研究環境においては、良心的に行なったとしても十分対応しきれないのが現状かもしれません。

そんなわけで、ある種の学生は自分を責めながら、承伏できない心理学モデルにしばしばつきあわされて、関心を減退させていくことになるでしょう。日常の具体的な水準で語られている心理学にはすぐなじめても（また、おかしいと思ったときも反論しやすいけれども、より抽象度の高いモデルでは代替モデルを考えつくのもたいへんな作業ですから）基礎過程の扱うような心理学に一旦違和感を感じたら、どんどんそこから離れていってしまう傾向があるのではないでしょうか。なかなかそれに対して、「自分がもっといい新しいモデルをつくってやろう」と思える人は少ないかもしれません。

そして、モデルがあくまで、ある程度の現象をうまく説明するための仮説であることがよくわかっていれば、少し冷静に「このモデルはここのところの現象をうまく説明しているな」ととりあえず、そのモデルを承認したスタンスで、何がわかり、何が未解決で残るかを考えていこうというスタンスで学習ができるでしょう。正しくないかもしれないけれども、とりあえずそのモデルが語っている世界をまず理解してみようという学習スタンスです。このような読みのスタンスは人文学などではしばしば重要で、自分の考えは違うかもしれないが、まず過去の研究者がどのようなことを考えてきたのか理解しておこうという学習は、哲学でも社会学でもあらゆる人文学の学問トレーニングの中に含まれているものです。

理解することはとらわれることではありません。むしろ、最終的には自由になることを後押しするものです。他者の語ることをよく理解したうえで、さて、自分はどう考えるか、自分なりの理解やモデルを構築していけばよいのです。このような態度は人生訓としてもあてはまるものであって、人間関係なども一人ひとり個性があって違うので、自分なりの人間関係の持ち方の知恵というものがあったとしたら、一生かけてそれを改訂、更新していくのであって、人はみんなそのようなモデル構築を知らず知らずのうちに行なっているのだと言えるかもしれません。ですから、学問の場だけが、ものすごく特別というわけではなく、広く考えれば、人生はあらゆることの学びの連続（食事の仕方、メールの打ち方、大人としての御礼の言い方など）ですから、そのような意味で、モデルというものとのつきあい方を大学で学ぶことは、一生ものの財産といえるでしょう。

## 7 心理学の分野

さて、いくぶん抽象的なモデルの構成を好む認知心理学などの分野と対比させると、非常におおまかにモード論と対応するように、心理学のある種の系統を見いだすことができるでしょう。

●表3-1　心理学の分野

| 真実追究系 | 問題解決系 |
| --- | --- |
| 知覚心理学 | 臨床心理学 |
| 認知心理学 | 発達心理学 |
| 生理心理学 | 教育心理学 |
| 比較心理学 | 障害心理学 |
| 人格心理学 | 社会心理学 |
|  | 犯罪心理学 |

どの領域も基本的に真実追究的な営みがあるのですが、問題解決的要素やそのような要請が入ってきやすいかどうかという程度の目安で分けていると考えてください。知覚心理学や認知心理学も、事故の防止や目撃者の証言の研究など実社会の問題を解決する研究がありますし、生理的研究はさまざまな現場でのストレスの研究などとつながっています（表3－1）。

実際、簡単でないのは、問題解決系と銘打ったそれぞれの心理学にはやはり理論やモデルがあり、その面では、いくぶん抽象的な真実追究への営みが持たれていることです。各分野に理論指向の研究者と現場指向の研究者がいたりもします。また、理論と現場との応用をうまく両方兼ね備えた研究を展開できている人たちもいます。現場作業だけで理論が全くない研究などありませんから、ある意味では、現場と理論の有機的なつながりこそ、社会から強く求められている研究かもしれません。ただ、これについては、すでに2章でも議論しました。意外かもしれませんが、私の専門である社会心理学もモデルの構築や一般性の追究が盛んであり、真実追究系の研究がかなり多いのです。そして、後の章で問題にするように、社会にもっと役立つ「社会的な」研究をしようと批判する研究者もいれば、私の専門領域である社会的認知研究のように、認知心理学との境界領域でよりいっそう一般性や真実追究の色合いが濃い領域もあります。そこには溝があると言ってもいいくらいです。その溝の意味をよく考えてみようというのが本書の最終的なねらいです。

# 4章 信じること、わかること

## 1 固定的なイメージ――ステレオタイプ

現場で動いていると「あ～そうか」と気づくような発見があることでしょう。2章で述べたように、その発見が一般的なことかどうかはさておいても、何か知見が得られるのはよいことだと思われます。ところが、時には、それを過剰に一般化しすぎたり、思い込みが強すぎたりして、実践において失敗することもあります。異なる場面なのにむやみに同じやり方を使ってしまうといったような場合です。

たとえば、幼稚園や小学校では、「子どもは明るく元気なのが一番いい」という考え方が普通に見られます。子どもとは屈託なく明るいものだという思い込みです。このようなイメージの鋳型をステレオタイプと呼びます。女性はおしとやか、男性はたくましいといったイメージは伝統的な性別ステレオタイプといえます。他にも、セールスマン、弁護士、医師といった職業に伴うイメージや、関西人、名古屋人などの地域に基づくもの、もっと深刻なものとしては、人種や民族に伴う偏見などもこのようなステレオタイプが心の基盤になっているわけです。

でも、「子どもはやっぱり明るいほうがいいんじゃないでしょうか?」と思うかもしれません。普通はそうかもしれません。「子どもは外で活発に遊ぶべきだ」これはどうでしょう。心臓病や障碍のある子どもはどうなのでしょうか? 「それは、特別だ」。このような「特別だ」という理解でいいのでしょうか。『五体不満足』を書かれた乙武洋匡さん[☆1]は、子ども時代、車いすながらも活発にサッカーなどに加わったり、ガキ大将的に元気に外遊びに興じていた様子を描いています。あたりまえですが、障碍といってもさまざまで、身体的に多岐に渡る場合、部分的な場合、内臓疾患的な場合、またその程度などはいろいろです。ある種の障碍や病気の場合には、元気に走り回ることが難しい場合があります。それは、特別な場合でしょうか。小学校三年生ぐらいにもなれば、子どもだって十分個性があります。外で野球やサッカーをしたりするのが好きな子どももいれば、図書室で本を読むのが好きな子どももいます。そういうとき、子どもは絶対にみんな外で元気に遊ぶべきだということになるのでしょうか。強制も度が過ぎれば、個性、人格の圧殺につながりかねません。

一般には、「明るいほうがいい、そういう子どもが好きだ」ということがあるかもしれません。人の好き、嫌いは自由ですから、暗い子どもを嫌うことは仕方がないのでしょうか。それでは、暗い子どもをみんなでいじめたりすることはかまわないのでしょうか。もちろん、個人的に嫌いという感情を持つことと、集団で「いじめ」という行動に及ぶことには大きな違いがあります。一般には、個人的な好き嫌いは、人格的な自由だと思われています。多くのヨーロッパ人はユダヤ人が嫌いだと言い、アメリカ社会でも黒人差別は大きな問題になっています。一人ひとりの白人が、「黒人は嫌いだ」と思っていることは仕方ないことでしょうか。

このことを考えるためには、「好き」「嫌い」がどこからやってくるのか、それは自然発生的で無条件に承認されることなのかどうかを知る必要があるでしょう。こういう点でも心理学は役に立ちますし、細かな日常の好き・嫌いの感情をわざわざ科学的な研究として行なうことの意味もあるわけです。

好き嫌いは、理解によって変化することが知られています。好き嫌いは相手のちょっとしたふるまい、行動から自動的につくられていきます。しかし、そこには、気づかないうちに、ふるまい、行動についての誤解や、意味の取り違えがあるかもしれません。その間違いに気づいたときには、それに伴って感情にも変化が生じることがあります。

——いつも授業が終わったら、飛んで帰る子どもがいる。時には掃除もさぼっている。放課後一緒に遊んだりしないので、クラスメートたちと何となく距離がある。そのふるまいに怒る子どももいるし、クラスメートはいい感じを持っていない。しかし実のところ、お母さんが入院していて、面会に行く必要があるのかもしれない。病院に行く前に、妹を幼稚園に迎えに行っているのかもしれない……。このように、その飛んで帰る子どもには、いろいろな事情があるのかもしれません。「お母さんが入院している」その事実をクラスメートに伝えればいいと思うかもしれませんが、しかし、子どもというものは（大人でも）、いろいろな複雑な心境を個人的に抱えているものです。簡単ではありません。「お母さんが、死にそうな病気を患っている」といった場合、そのことを言って同情を受けたくないという微妙なプライドや意地があるのかもしれません。そのことで騒がれたり、「特別扱い」を受けたりすることで、「自分は特別な子」というレッテル貼りをされるのがいやだという気持ちがあるのかもしれません。まわりからそう見られるのがいやだというだけでなく、特別な子だと扱われることで、自分自身の認識としても自分は今特別にかわいそうな状態にあるのだと思うことが堪えられないのかもしれません。

まわりの子どももこのような事情や、その子の気持ちのほんのはしっこがちょっとわかるだけでも、それ以前に抱いていた不愉快な気持ちは変わっていくかもしれません。好き嫌いというのは、ずいぶん無責任なものなのです。誰が、そんなに自信を持って、「あいつは嫌いだ」というのを真実の命題のように持ち続けることができるでしょうか。好き嫌いをことさらに言うことが、格好いい感性の表われだと誤解する向きもあります。ナイーブな好き嫌いは単なる無知の表われという場合もあるのです。自分の好き嫌い感情を大いばりで外に表わすよりも、幾分、控えめに恥ずかしさを持って抱いているくらいでちょうどいいのではないでしょうか。

## 2　血液型と性格

血液型で「何型の人はこういう人だ」というのがはやっています。心理学では、これを血液型／性格関連俗説と呼んでいます。俗説と言われるぐらいで、正しい科学的真実だとは考えられていません。データをとっても、特定の血液型とその人の性格的な個性との関係があまり表われないからです。細かなことは他書に譲りますから[☆2][☆3]、関心のある人は読んで頂きたいと思います。これも人を鋳型にはめるステレオタイプです。大事なことは、比較的イメージのよい血液型と悪いイメージの血液型が存在してしまうことです[☆4]。

二〇〇四年のテレビ番組で、B型の血液型が悪く言われていて、テレビ局に苦情が入り、「放送と青少年に関する委員会」もテレビ局に問い合わせを行なっています。人の行動を見たら血液型がわかると思っている人がいます。実は、こういうことの裏には人口比率があるのです。日本では、A型、O型、B型、AB型の人口比率が大まかに言って、4対3対2対1になっています。つまり、B型やAB型は少ないのです。B型は2割です。少ない人の悪口を言っても、その人口が少ないので、また、怒る人も少ないことになります。これは、言ってみれば、多数派による少数派の圧殺です。少数意見の尊重とか、人権の保護とか、民主主義の原理にも反することだと気づくでしょう。AB型は1割です。調査を行なうと、好ましさが低いことがわかります（表4－1）。友だちとしゃべっていて、血液型の話題が出るとき、平均して一番いやな気持ちになる対象はや

● 表 4-1　各血液型の人に対する態度[☆4]

| | A | B | O | AB | 無回答 |
|---|---|---|---|---|---|
| 隣には住みたくないタイプ | 6 | 18 | 2 | 20 | 51 |
| 仲間として一緒のクラブに入りたくないタイプ | 6 | 9 | 2 | 13 | 64 |
| 結婚したくないタイプ | 10 | 12 | 3 | 22 | 50 |
| 自分には好きになれないタイプ | 5 | 12 | 2 | 14 | 60 |

はりAB型のようです。冷淡とか、二重人格とか言われたりします。

こういう直観的根拠は本当にささいな表面的な連想から構成されていくことが知られていて[☆5]、獅子座生まれの人はライオンのように誇り高く、強力なリーダーであるとか、山羊座は粘り強くて頑固、などです（表4－2）。AB型の血液中に含まれる凝集原と血清中の凝集素2種類の反応をもとに、それがたまたま両方反応するという生化学的な反応性を持つために、二つに反応する→二重人格というのは、あまりに素朴であきれるほど単純な仕組みといえるでしょう。人間がこんなに簡単にできあがっている生き物なら人間を研究するのもたやすいことです。もしもそうならば心理学なども必要ないかもしれません。

もちろん、実際に調べてみると、そのような性格と血液型の対応は見られません。性格にかかわる遺伝子は一つでなく、多くの要素が複雑に絡み合っていると考えられます。特定の血液型に影響を持つ遺伝子と同じ染色体に乗っていない遺伝子のほうが多いと予測されるわけですから、特定の血液型と遺伝的性格の基礎は、ランダムに近い関係です。また、性格の素因と言われるものと、現実世界で見られるその人の特徴はそう単純に対応するものでもありません。あるいは、ここ

● 表 4-2　類似性に基づいた星座と性格の関係の記述例

| | |
|---|---|
| ・おひつじ座 | ハッキリした意見をもって行動します。いつもファイト満々，元気いっぱいのがんばり屋さん。 |
| ・おうし座 | おっとりして出しゃばらないので，誰からも好かれます。一度決めたら最後までやるガンバリ屋さん。 |
| ・ふたご座 | 頭の回転が早く，いつも明るく人を楽しませることが上手。いろんな事に興味をもっています。 |
| ・かに座 | 誰にでもやさしく親切です。小さな事にも喜んだり，涙ぐんだり感じやすい性格です。 |
| ・しし座 | 明るくて陽気。正義感が強く活発で情熱家。仲間の中心的存在です。めんどうみがよくさっぱりしています。 |
| ・おとめ座 | 細やかな思いやりにあふれ，内気でロマンティスト。中途半端やだらしない事がきらいな性格です。 |
| ・てんびん座 | オシャレでセンス抜群。調和のとれたものへのアコガレがあり，誰の言うことも公平に聞くことができます。 |
| ・さそり座 | 自分をさらけ出すことがなく，控えめで努力家型です。心の中には激しい情熱を秘めています。 |
| ・いて座 | 陽気で自由奔放な明るい性格。楽天家で好奇心が強く，思いつくとすぐに行動に移す人です。 |
| ・やぎ座 | マジメで責任感が強く，何事にも慎重で，じみにコツコツするタイプで周囲の信頼度は抜群。 |
| ・みずがめ座 | 型にはめられるのを好まず，自由に行動する頭のいい人で人気は抜群。信念が強くとてもガンゴです。 |
| ・うお座 | 素直で心やさしい性格。感情豊かで感受性が強く，相手のことを敏感に感じとる直感力にもすぐれています。 |

CO-OP 星占いミルクチョコ　パッケージから／製造者　㈱フクイ

では詳しく述べませんが、そもそも「性格」という考え方そのものが、人の行動や特徴の理解に必ずしも有用な道具ではない可能性もあります。

間違ったイメージが世の中に行き渡っても反対の声を挙げる人がAB型では1割と少ないわけですから、反論がよく聞こえてこないわけです。皆さんがもしも仲のすごくよい友人にAB型の人がいて、その人の目の前で、みんなに「AB型って二重人格なんだよね」と言えるでしょうか？

もしもそうは言いにくいのに、AB型の友だちのいない人が人前でそのようなことを今まで一度でも言ったことがあったとすれば、それは想像力の欠如ですよね。もしもそうだったら言えないようなことをふと言ってしまう。それは、「そうだったらを考える」ことを省略しているからです。この章ではいろんな「そうだったら……」を考えてみたいと思いますし、実は勉強、教養ということは、あらかじめ「そうだったら……」というようないろんなケースを社会に出る前に、大人になる前に身につけておいて、先に例に挙げたようなお母さんが入院していて死にそうになっている子を誤解していじめてしまうという情けなく恥ずかしいことをしでかしてしまわないように、いくらか「ものの わかった」人間として社会人になるためのものなのです。このように、あらかじめいろんな可能性を思い描いたり、想いを馳せたり、想像力を働かせたりする力を教養というのです。

## 3　信じてよいか

何か信じていることはあるでしょうか？　別に宗教を信じているわけでもないし……と多くの日本人は思うかもしれません。しかし、血液型と性格との関連にしても、人は気づかないうちにいろんなことを信じています。正しい、正しくないはともかく、いろいろ挙げてみますと、ダイエット食品、サプリメント、健康法、おまじない、ジンクスなどです。日本人ははっきりと自覚して「宗教」を信じている人は少ないかもしれませんが、一種の宗教心がないわけではありません。拝んだり、願かけなどをしますし、全く無意味に絵馬を書いたりしているわけでもありません。初日の出に神々しい感じを受けたり、山から日の出を見たりするときの気持ちも素朴な宗教心の基盤です。

信じることは必ずしも悪いことではありません。また、「信じる」ためには、科学は不要です。証明できないことを信じるから「信じる」という心なのだともいえます。

ところが、時に困るのは、「科学的に正しい」と思って信じていることがある場合です。そうすると、自分たち以外の他の人たちは明らかに間違っているのだと考えてしまいます。あるいは、ダイエットの効果でも、単に「信じる」のではなくて、科学的に効果があると思って何かを購入しているのでしたら、それが科学的に間違っている場合は、浪費といえるかもしれません。

このように信じる心は、世の中のあちこちにありますし、日常の生活にも結構影響を与えるも

**●表 4-3　効果を検討する 2 × 2 の表**

| | 効果あり | 効果なし |
|---|---|---|
| 使用 | ① | ② |
| 不使用 | ③ | ④ |

のですが、あまり学校では、「信じる心のメカニズム」とか、「科学的に正しいこととそうでないことの見分け方」などをよく教えていないようです（『影響力の武器』[☆6]『人間この信じやすきもの』[☆7]『不思議現象なぜ信じるのか』[☆8]『「信じるこころ」の科学』[☆9]などをぜひ参照してください）。そのような教科も見あたりません。しかし、子どもたちにこの現代社会でよく生きていってもらう準備を学校教育が提供するものであるならば、かなり優先順位の高いことなのではないでしょうか。これも心理学で扱っていることですから、中学か高校あたりで、心理学を必修科目にしたほうがよいような気がします。

それはさておいて、科学的な正しさの見分け方にはどういったものがあるのでしょうか。一つは後述する統計的なものの見方です。ごく簡単です。うまくいく場合、いかない場合の簡単な表を作ります（表４－３）。

たとえば、サプリメントを服用した場合としない場合、それで、思ったような効果があった場合となかった場合。これを2×2のクロス表といいますが、よく私たちが広告で見ているものは、ほとんどこの服用して効果があった①に入るケースです。でも表として見た場合、この服用して効果があったケースがたとえ１００、２００件あったとしてもほとんど何の判断材料にもなりません。というのは、服用して害があった人が1万人いて、よい効果があった人が200人いたとしたら、あなたはそのサプリメントを服用するでしょうか？　まずしないと思います。ここでは、「害があった」とはしませんが、表の②に入る「効果がない」場合のほうが圧倒的に多かったとしたら、たとえ少数でも効果があった人がいても、高い代価を払ってその製品を購入しようとは思わないかもしれません。宣伝・広告にはたいていこういう情報が欠けているのです。「数打ちゃ当たる」ということばがありますから、三十年の間に、10万人に試すことができれば、100人くらいの人が「よい効果」を語ってくれるかもしれません。

もう一つ重要なことは、表の③④の部分です。服用しない人がどうであるかということです。これを対照群といいます。きちんとした薬品の効果を調べるときも、対照群を重要視しますが、心理学の研究では通常このような対照群（統制群といいます）を設定して研究します。つまり、何の服用をしなくても世の中には自然に体調が改善する人がある程度の割合いるということです。たとえば、心理的な悩みというのは比較的軽いものであれば、時が解決するようなケースもあり、青年のときに真剣に悩んでいたことが、30代半ばにもなれば気にならなくなるといったこともあります。青年期から長いカウンセリングを続けてきて、35歳で「治った」とした場合は、それは本当にカウンセリングの効果なのでしょうか。このようなことを調べるのが対照群との比較に基づいた研究です。いわば放っておいても治ってしまうといったケースに比べて、「このカウンセリング」によって、明らかにそれよりは、多くの割合の人が改善するとしたときに、初めて、そのカウンセリングは効果があったと言えるわけです。

もっと面倒なのは、ある種の主観的な体調改善の場合は、偽薬効果があることです。偽薬効果とは、薬の科学的薬効としては意味のある効果はないものの、「何だかありがたい」薬をもらって飲んだためよくなったという精神的効果です。薬の効果では、意味のない小麦粉のようなものとか、ターゲットの病気とは結びつかない胃薬とかを処方した場合と比べて、ある特定のその新たに開発された薬品が本当に効果があるかどうかを調べます。医師から薬を「処方された」だけで治ってしまう人が世の中にはいるからです。テクノロジーとして考えれば、「何でもいいから治ってしまえば、結果オーライ」かもしれませんが、その薬品にそれなりの代価を支払っているのであれば、やはり問題です。また、効かない治療を受けている間に、本当によい治療を受ける機会を失っているかもしれません。そのような見えない機会の損失も時間的要素が大きい病気（放っておいて手遅れになる）の場合は、深刻な問題になるでしょう。効くと思い込んで、誤った治療を延々受け続けるような場合です。

ですから、表の③④において表わされている「放っておいても改善していく割合」とよく比べて、①②の結果から、その効果が本当に意味があるかどうかを認識しないといけないのです。

したがって、場合によっては、とりわけ、②や④の「効果なし」が人や社会にとって全く無害（変化なし）といった場合では、①がそう大きな数字でなくても、③よりも割合が大きくさえあれば、意味のある社会的な対処ということもあります。また、放っておけば、どんどん環境が悪化する環境破壊、大気汚染などでは、ささやかな緑化運動でも何もしないよりはましといったケースもあります。そのような場合、改善行為をして、「こんなにまだ悪いじゃないか」「変わらないケースが多いじゃないか」「やったって仕方ない」と文句を言う人がいたりしますが、「何もしなかった場合」に比べていくぶんでもよい効果が現われている場合には、改善行為は意味無しということにはなりません。

## 4 信じることの効果

それでは、信じることで何が生じるのでしょうか。実はランダムなことでも効果があったと思い込み、信じることによって、その人は、自分の人生が自分の意志や対処によって、改善、コントロールできているという幸せな錯覚を抱くことができます。雑誌に掲載されていた占いコーナーで今週のラッキーアイテムは、黄色の服で、黄色の服を着ていた日によいことがあったら、やっぱり当たったと思うでしょう。人は自分の信じていることが支持されるのが好きです。自分の考えが「その通り」だと保証されるのです。自分の考えが正しいことが示されるわけです。また、期待が実際に実現するのも嬉しいものです。そのために、うまくいかなかった場合よりもうまくいった場合を重視して、自分の考えが支持されたほうに解釈が傾くことがあります。これを「確証バイアス」と呼んでいます。考えが確証しやすいような試し方を行ない、そしてその結果、確証できたことを喜ぶといったメカニズムです。

これをいくつかの実験例で見てみましょう。

スナイダーとカンター[☆10]は、仮説が確証できる情報により注意を向け、覚えているのではないかという点を記憶の面から検討しています。人がどのような情報をよく記憶しているかを確かめるために、単に特定の記述が記憶に残りやすいのではなく、仮説にあてはまるものが記憶されやすいかどうか、三つの実験条件を設けて調べています。一つめは、外向的な性格が適していると（通常）考えられる不動産セールスマンに適性があるかどうか判断する条件、二つめは、内向的な職業と（通常）考えられている図書館司書に向いているか判断する条件、三つめは、いずれの適性判断も行なわずに最後に文章の記憶再生だけを行なう統制群です。文章は、ある人物の生活を描いたもので、その中には外向的と見られる記述も内向的と見られる記述も含まれていました。実験参加者はこの文章を読んで、二日後に記憶再生を行ないますが、そうすると、適性判断を行なった条件では、検討すべき仮説（たとえば、セールスマンに向いている）を確認する情報のほうを、仮説を支持しない情報よりもよく記憶していました。統制群ではそのような大きな偏りは見られませんでした。そして重要なのは、この記憶の偏り方が、実際の適性判断と関係していたということで、仮説を支持しない情報よりも確証情報を多く覚えていた場合のほうがより適性を高く評価していたということで、確証バイアスのプロセスが実際に確証バイアスの確信を高めてしまうというサイクルの一端がかいま見える結果でした。

これ以前にも、スナイダーとスワン[☆11]は、仮説が確証されるような質問の仕方を選びがちであることを示していて、これと合わせると、人はあることを確かめようとする場合、自分の抱いている仮説を確証するような質問をして、そしてまた、さまざまな情報があっても、仮説が確証されるような情報をとりわけ記憶するというやり方で、自己の信念を保持し続けるということが見て取れます。

ロスら[☆12]は、キャンパスの中をサンドイッチマンの格好をして、「悔い改めよ」と書かれたボードを背負って歩くことを承諾するか、また、他の学生たちがどのくらい承諾するかを尋ねています。すると自身が承諾した学生たちでは、他の学生たちも58％が承諾すると推測し、自身が承諾しなかった学生たちでは、他の学生たちは30％しか承諾しないと予測しました（実際には51％が承諾）。このように、自分の態度、意見と一致する人の割合を一致しない人の割合に比べて、（意見が異なる人たちに比べて相対的に）高めに見積もる現象をフォールス・コンセンサス（合意性の過大視）と呼んでいます。人は自分が持つ意見を好意的に考えがちで、この実験においても、承諾した人は、「友だちから賞賛される」「ユーモアのない人だけが断るだろう」と考えていたようです。これに対して、断った人は、「バカにされる」「だまされやすい人が応じるのだろう」と考えていました。

さまざまな非科学的な現象を信じることについて研究した伊藤ら[☆13]の実験で得られた34項目について、信じている―信じていないの5点尺度で評定を行なったものを因子分析という統計的手法を用いて、川口[14]はグループ化を行ないました。その結果、第一グループとして、迷信、運命、占い、おまじない、おみくじ、縁起かつぎ、血液型と性格、ジンクス、運・ツキ、手相、心理テスト、姓名判断が同じグループに属しました。これを総じて「占い」と称しておきます。第二グループは、超能力、霊、虫の知らせ、正夢・逆夢、呪い、たたり、バチあたり、死後の世界、前世・来世、UFOが同じグループで、これを「超自然」としておきます。第三グループは、豆まき、お日柄、お宮参り、宗教、北まくら、夜爪で、「習俗的行為」としておきます。第四グループは、初詣、お墓参り、神仏、お守り・おふだ、おはらいとなり、これを「神仏信仰」としておきます。これらを信じる人たちにはどのような特徴があるでしょうか。

自分の行動の成否を決定づけるのに、その強力な要因がどこから来ていると考えるでしょうか。人のおかげでしょうか。運でしょうか。それとも自分自身の能力や努力など自分側の要素が大きいのでしょうか。この理論の背景を説明しはじめるとかなり複雑なものになりますが、今は、ごく簡単に、人々が原因をどう考えるか、そのタイプ分けを行なう尺度を用いてデータをとったと考えてください。

このレーベンソン[15]の尺度（表4－4）では、原因の考え方として、自分の外側にある運（Chance）あるいは他者（Powerful other）を原因とするか、自分の内側（Internal）に原因を求めるかが問われています。原因の内外については、次章でもっと詳しく取り上げますが、今注目するのは、運を重視する人たちです。この尺度で測定された運を重視する程度は、「占い」や「超自然」を

● 表 4-4　レーベンソンのI・P&C尺度[☆15☆16]

1. 私がリーダーになれるかなれないかは，たいていの場合私の能力しだいである。
2. 私の人生は，たいていは偶然の出来事に左右されている。
3. 私が生活の中で体験することは，たいていは誰か影響力の強い人たちによって決められてしまうようだ。
4. 車の事故に巻き込まれるか否か，多くの場合自分の腕しだいである。
5. 私は仕事のプランを立てたら，たいていはそれを実現させる自信がある。
6. 不運な出来事に見舞われたら，自分の個人的利益を守り通せる見込みはまずないだろう。
7. 私の思い通りになったときは，運がよかったのだといつも思う。
8. 私はそんなに能力に欠けているとは思わないが，それでもリーダーシップの責任を負うときは，権力者の力に頼らざるを得ない。
9. 私が何人の友人を持てるかは，私がどの程度魅力的な人間であるかにかかっている。
10. 人生における出来事は，なるようにしかならないと思うことが多い。
11. 私の人生は，主に影響力の強い人によって左右されているようだ。
12. 車の事故に巻き込まれるか否かは，たいていは運しだいである。
13. 私と同じような立場の人たちは，強力な圧力集団の利害と衝突したら，とても自分たちの利益を守り通すことはできないだろう。
14. 多くのことは運しだいで風向きが変わるものだから，あまり先のことまで計画するのは賢明なことではないだろう。
15. なにかの思いを遂げたいのなら，自分より上の立場にある人たちに気に入られねばならない。
16. リーダーになれるかどうかは，ちょうど運よく，うまい時期に，うまい立場にいるかどうかによるだろう。
17. 偉い人たちのご機嫌を損ねると，たぶん，友だちもなかなかできなくなるだろう。
18. 人生に何が起こるかは，自分の力でなんとか決めていくことができると思う。
19. たいていの場合は，私は自分の個人的利益を自分の力で守り通せると思う。
20. 私が車の事故に巻き込まれるか否かは，他のドライバーたちの腕しだいだと思う。
21. 思い通りの結果になるのは，たいてい，私がそのために殊の他努力をしたときだと思う。
22. 私に影響力を持つ人たちの気に入らないような計画は，いくら私が計画しても，それを実現させることはできないだろう。
23. 私の人生は，私自身の日常の行動によって決まるだろう。
24. 私が多くの友人に恵まれるか否かは，専ら，運しだいだと思う。

● 表 4-5　多面的思考尺度☆17

| | |
|---|---|
| 1. | さまざまな可能性を柔軟に考えることができるほうだと思う。 |
| 2. | せっかく決めたことについて、口出しされるととてもいやだと感じる。 |
| 3. | 自分が持っている考え・信念をふり返ることがある。 |
| 4. | 1つの答えに満足せず、他の可能性も考えてみることが多い。 |
| 5. | 人からの批判にはきちんと耳を傾けるほうだと思う。 |
| 6. | いつも自分が間違っている可能性も考慮に入れながら話をする。 |
| 7. | 選択する際には、早く決めてしまったほうが小気味よくて好きだ。 |
| 8. | 人の行なったことについて、なぜであるかをいつも考えるほうだ。 |
| 9. | 新聞記事を見ても、立場によってとらえ方が異なるだろうなとよく思う。 |
| 10. | 自分の勉強法・仕事のやり方の短所を指摘されると、反発してしまうことがよくある。 |
| 11. | テレビのニュース番組は信頼できるものだと思う。 |
| 12. | 人の意見を聞くと、なるほどと同意することが多い。 |
| 13. | この人はこういうタイプの人だと決めつけてしまいやすいほうだと思う。 |
| 14. | 最初に手に入れた答えがあると、それでもういいと思ってしまいやすい。 |
| 15. | いつも、よりよい解決の方策を模索しようとする。 |
| 16. | 問題解決をする際には、多様な側面を考慮に入れるように心がけている。 |
| 17. | 授業を聞いていても、結局どうなのか結論をはっきり教えてほしいと思う。 |
| 18. | 思い込みで誤解をする失敗を時どきする。 |

信じることと関係がありました。自分の人生・生活の諸事にわたって、運に支配されると感じる人ほど、「占い」や「超自然」現象を信じやすいということです。また、多面的な思考を行なう人ほど、お守り・おふだなどの「神仏信仰」が少ないという結果も得られています。表4－5は、改訂した「多面的思考尺度」です。

しかし、このような「心がけ」によって必ずしも自分の信念の確証を防ぐことができるとは限りません。一般に人は、さまざまな誤りを犯しがちであり、そのような心のからくりを次の5章ではもっと詳しく見ていきましょう。

# 5章　心のからくり

## 1　行動の原因は？

4章でステレオタイプの話をしたときにも取り上げましたが、人は他人の置かれている「事情」には疎いところがあります。これは当然で自分の置かれている複雑な状況は自分にはよくわかっていることですが、人にはたいてい説明しないとわからないことですし、また、うまく説明しようと思っても、できない、伝わらないなどといったことはよくあることです。また、事情によっては、説明したくない、隠しておきたい、あるいは言い訳がましいことは言いたくないといった場合もあるでしょうし、明らかになっていても、他人のほうではそういった情報に十分注意を払っていないといった場合もあります。

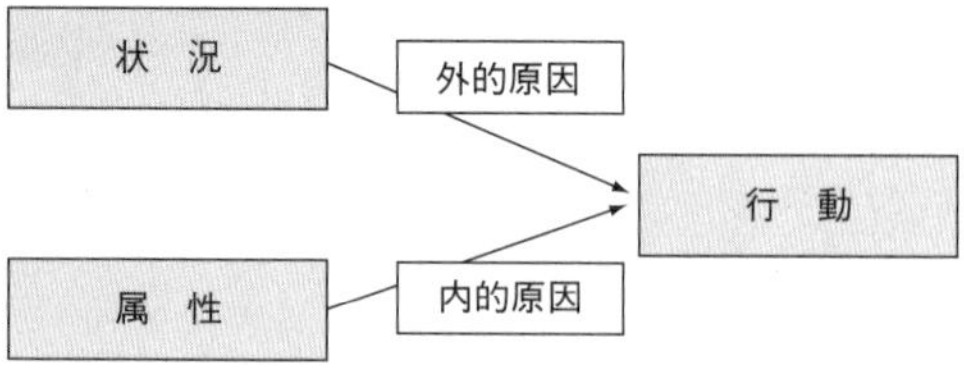


● 図 5-1　行動の原因

図５－１のように、人の行動を導く原因としては、属性という内的な原因と状況という外的な原因が考えられます。属性というのは、その人の能力とか性格、態度、価値観といった個人の内面的な性質です。努力などのその人が行なってきた歴史や経験も含まれます。１００メートルを10秒を切って走ることができるのは、かなりの才能と、また練習や努力などの内的な原因の働きが大きいでしょう。それでも、強い風が向かい風のときと追い風のときとは異なります。このような直接その人によらない外部の原因のことが外的原因です。自然環境や周囲の他者の援助、あるいは誰かの妨害、こういったことが、最終的に人の行動に影響を与えることがあるわけです。

ただ、どれもが、内的か外的かすっきり決められるとは限りません。息子の誕生日の夕食に帰ると予定していた人が、残業で遅れたとします。息子への愛情が足りないという「内的原因」で遅くなったのでしょうか？

残業があったという外的状況によって不測の事態として遅れたのでしょうか。仕事があったというのは、外的な原因となり得ます。しかし、それが決まった仕事であって、前から計画して、この日を目指して必要なだけ片づけておけばよかったのに、無計画に仕事をしていたために、大切な日に時間のかかる羽目になったとします。こういった場合であれば、計画性のなさという内的原因であるということも言えるかもしれません。しかし、急に上司から仕事を割り当てられて、不測の事態として生じたならば、これは外的原因となるでしょう。ところが、これもよく考えれば、その仕事を断っても罰されるわけでもなく、心証を害すといっただけであれば、その人の性格によって、心証を害しても息子の誕生祝いを優先するという決断を下すことができたかもしれず、仕事を引き受けてしまったのは、断ることができない「弱気な性格」のせい、あるいは、上司によい顔をしたいという、その人の職場における対人的な特徴という内的原因のせいと考えられるかもしれません。

このように、内的か外的かは状況の読み方、解釈によって左右されることですが、肝心なのは、このように、「どう状況を理解するか」しだいでその人の印象や評価が変わることです。その人が結果的にとった行動から、いかにその人の内面的な性格を推定するかというときに、これは大事な点です。人は、行為者の状況がしばしばわからないので、表われた行動から過剰にその人の性格を決めつける傾向があります。これを、「基本的帰属錯誤」あるいは「対応バイアス」と呼んでいます。「対応」というのは、行なった行為と内的な性質との対応のことで、状況の要因が強ければ、対応は当然弱くなるのですが、行動がその人の内的性質を物語るものであると、人は往々にして過剰に対応づけをしがちなので、「対応バイアス」と言われるわけです。

「でも行なった行動には当然人柄が表われているでしょう?」と思われるかもしれません。本当に人は状況の力を少なく見積もりすぎるのです。１章で紹介した援助行動の傍観者効果にしても、個々の実験参加者は、自分の行動に他者がいっしょにいたことの影響や責任拡散の効果があることにほとんど気づいていません。[☆1]社会心理学の領域の有名な実験の多くは「状況の力の強さ」を示しています。

## 2 状況の力――服従実験

ミルグラム[☆2]の行なった服従実験では、（図５－２）、２人の実験参加者が、教師役と生徒役に割り当てられます。学習における罰の効果の研究であるとの説明を受けて、教師役が出す質問に生徒役が間違えたら電気ショックを与えます。それも間違えるたびに１段階ずつ電圧を上げていくように指示されます。

精神科医などの専門家が、実験者の命令でどの程度まで電圧を上げていくか、予測調査を行なったところ、平均が１２０ボルトで、１５０ボルトを越えていくことはほとんどなく、３００ボルト以上に進むのは４％ほどという見方でした。実験が始まると、生徒役は次つぎに間違えていきます。そして、教師役が電圧を上げて電気ショックを与えると、その生徒役の反応は叫んだりして、だんだん大変な状態になっていきます。実は、これは演技であって、本当はラインはつながれておらず、生徒役はあらかじめ練習していた反応を演技するという実験の協力者だったので

郵便はがき

まことに恐縮ですが，切手をおはり下さい。

603-8303

京都市北区紫野
十二坊町十二―八

北大路書房
編集部 行

（今後出版してほしい本などのご意見がありましたら，ご記入下さい。）

# 愛読者カード

ご意見を，心から
お待ちしています。

（お買い上げ年月と書名）　　年　　月

（おところ）（〒　　　　）TEL（　　　）

（お 名 前《ふりがな》）

年齢（　　　歳）

（お勤め先 または ご職業）

（お買い上げ書店名）

市　　　　書店・店

（本書の出版をお知りになったのは？○印をお付け下さい）

（ア）新聞名（　　　）・雑誌名（　　　）　（イ）書店の店頭
（ウ）人から聞いて　（エ）図書目録　（オ）DM
（カ）ホームページ　（キ）これから出る本　（ク）書店の案内で
（ケ）他の本を読んで　（コ）その他（　　　　）

（本書をご購入いただいた理由は？○印をお付け下さい）

（ア）教材として　（イ）研究用として　（ウ）テーマに関心
（エ）著者に関心　（オ）タイトルが良かった　（カ）装丁が良かった
（キ）書評を見て　（ク）広告を見て
（ケ）その他（　　　　）

（本書についてのご意見）表面もご利用下さい。

このカードは今後の出版の参考にさせていただきます（お送りいただいた方には，当社の出版案内をお送りいたします）。

※ご記入いただいた個人情報は，当社が取り扱う商品のご案内，サービス等のご案内および社内資料の作成のみに利用させていただきます。

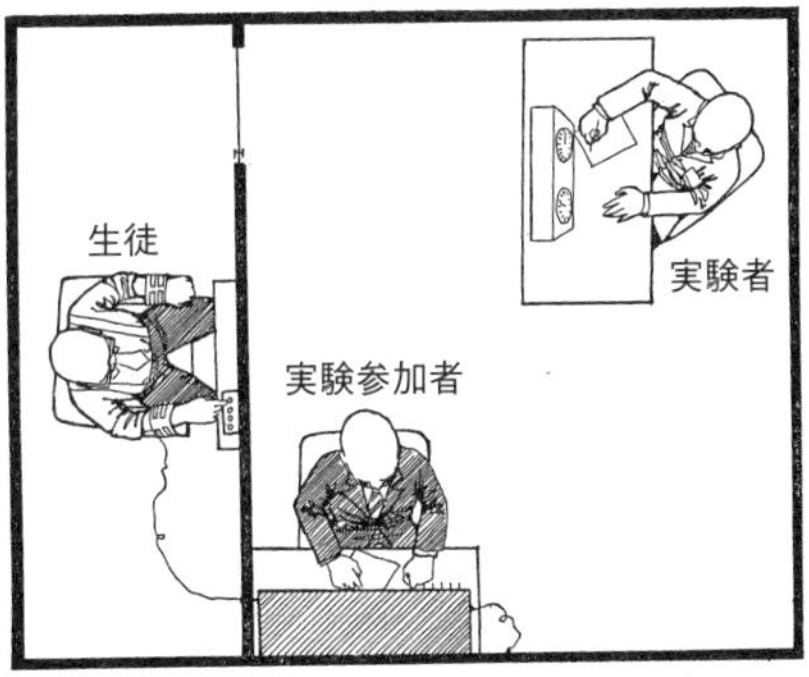


●図 5-2　ミルグラムの服従実験の様子☆2

す。しかし、教師役はそんなことは知りません。だんだん間違いが重なると、「激しいショック」や「危険」と書かれている位置へと進んでいきます。実験者は、「お続けください」と淡々と指示し、「迷うことはありません。続けるべきです」などと言いますが、生徒役はものすごく苦しんでいるようです。しかし、この状況で、教師役の人の40％（40人中16人）が、最高値の４５０ボルトまで電圧を上げてしまいました。これは同じ部屋で顔や様子が見える条件ですが、生徒役が隣室にいて直接見えずに声だけが聞こえる条件では、62・5％（40人中25人）もの実験参加者が最終レベルまで行なってしまいました。実験参加者は、特別に残酷なことが好きな人たちではなく、ミルグラムの実験参加者の募集に応じた高校教師や郵便局員、エンジニア、セールスマン、熟練・未熟練労働者など善良な一般市民です。性格のよい人もいたでしょう。しかし、ある状況で、実験者という権威から命令されると人はいかに従ってしまうものなのか、この実験は状況の力を明瞭に示しています。戦争中の上司の命令とか、企業の中での上司の命令にしぶしぶでも従う人は大勢いるでしょう。

この実験では実験者に従わずに実験を離脱しても、仕事をクビになったり、所属集団でひどい目にあったりするような可能性はありません。そのように、実生活に影響の出ない単発的な人間関係の中でもこのような服従行動は現われるわけですから、そこに仕事上の関係や賞罰が絡むとなるといよいよ人は「ノー」と言いにくくなるわけです。しかし、多くの人は、普段、自分の行動くらい自分で決められると思っていますし、あまりに不正な要求に対しては、断ることができるものだと思っています。社会心理学が実際に実験を行なうことの意味はこういうところにもあります。アンケートで「あなたは、こういうときにどうしますか?」と尋ねる形式のものがありますが、そのような質問では、その人が「本当にどうするか」はわかりません。想像上のイメージだけですから、往々にして、常識的なイメージや、その場面での望ましく思える行動を回答してしまいます。しかし、実際にそのような場面(擬似的にでも)に立たされたら、また異なった反応を示すのが人間です。ですから、本当に人間の行動を知ろうと思ったら、「どうしますか」と尋ねるのではなく、実際に行動してもらわなければなりません。[☆3]

## 3　無自覚な行動

服従実験で行動する側の立場に立つと、自分が行動した後、その行動の正確な原因はわかっていないようです。研究では何人もの実験参加者がいて、その結果を集めて比較することができますから、命令の仕方や状況によって、服従の程度がずいぶん変化することがわかります。ところが、参加している人はそのときには、自分一人の結果にしか直面していないので、やはり状況の力を自分でもよく理解できずに、命令に従った自分の性格を情けないものだと考えて、自分を責めてしまったりすることがあります。そのために、実験は終わった直後によく研究目的と結果の意味が説明されますし、結果が集まったところでまた説明がなされます。ミルグラムのこの著書[☆2]をよく読んでいただければ、この説明（デブリーフィングといいます）にいかに時間をかけたか、実験参加者に実験の趣旨をいかによくわかってもらったかについて、ずいぶん強調して書かれてあることがわかります。

このように実験参加者自身は意識的、自覚的には自分のとった行動に大きな影響を与えた要因に気づかず、過小評価しているという面があります。そもそも、人が行動する仕組みとして、一般の人はその意識的な過程を重視しすぎる傾向があるのではないでしょうか。行動の産出として、意識的意図があって、計画的に調整して行動を生み出すという思い込みがあります（図５－３）。しかし、ウェグナーとウェアトレー[☆4]はこれを錯覚だと主張しています。人はしばしば人の行動に

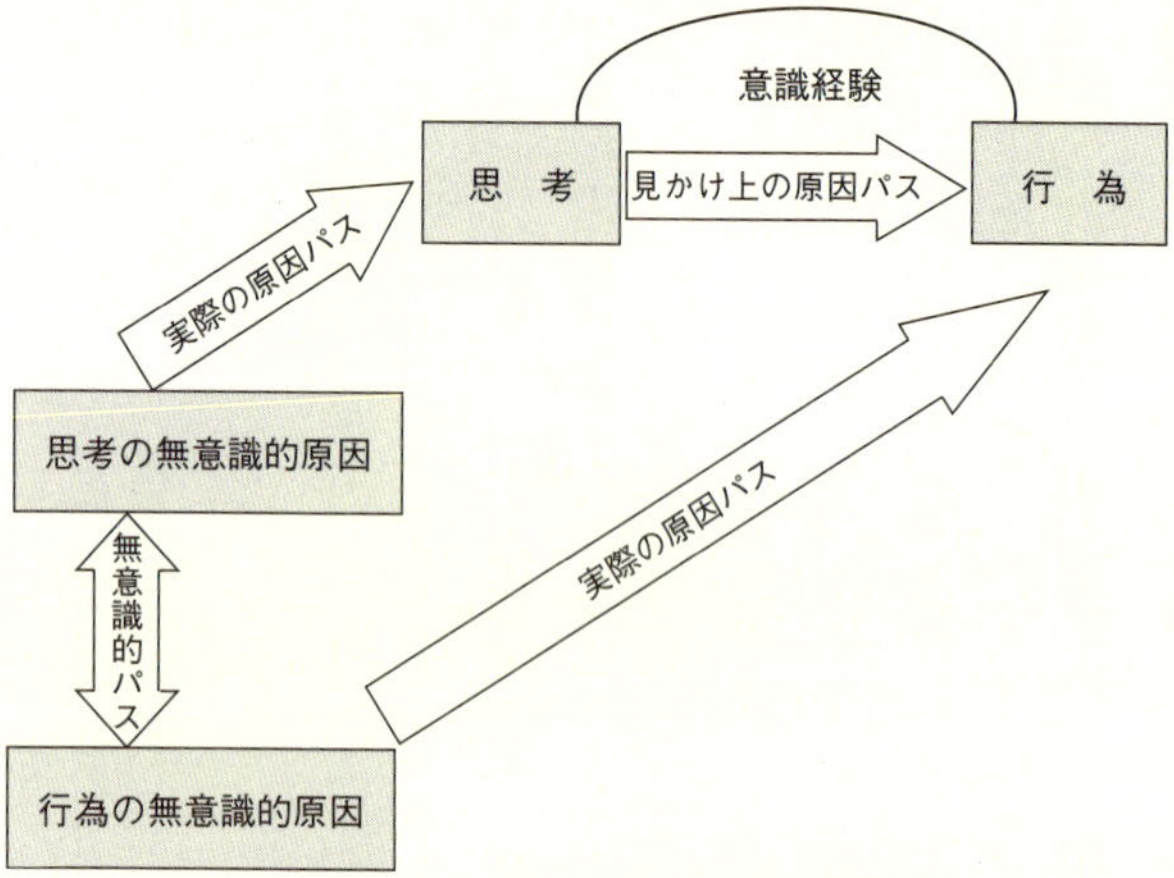


● 図 5-3　意識と無意識の過程☆4

影響を与えている原因に気づいていません。そのような無意識的な影響によって生じた行動を人はまた事実とは異なった理由づけをします。これが意識的な理由です。しかし、それは実際の理由とずれのある場合があるわけです。図5－3は、そのことをよく示しています。

すべての行動の場合において、無自覚的な原因の影響のほうが強いと考えるのは極端としても、私たちの人間理解は少々意識に片寄った理解をしがちな点を修正する必要はあるでしょう。

私たちの頭の中では、さまざまな概念や行動の産出にかかわる表象が保持されています。そのような表象が何らかのきっかけで活性化された場合、自動的に行動の産出へとプロセスが走ってしまう場合があります。

## 4 自動的行動

たとえばバージ[5]は、並べ替えて語句をつくるパズルによって親和に関係する語をつくらせる実験をしました。その結果、親和動機が活性化された実験参加者のほうが、同様の並べ替えで、達成概念のほうを活性化された実験参加者よりも、2人で作業を行なう際に、相手のペースに配慮して自分の課題達成を調整する行動が見られました[5]。また、別の実験で、達成動機を活性化された実験参加者は、実験者があらかじめ定めて指示しておいた、課題のストップの合図をしても、まだ課題遂行を続ける傾向が観察されました。

このような実験では、実験参加者が先に行なうパズルなどの課題で、自分の何を活性化されているのかに気づいていない場合がほとんどなので、自分がなぜ課題を継続したのか、なぜ遂行をゆるめるようなことを行なったのか、通常その原因に全く気づいていません。さらに、気づきのなさを確かにするために、概念や動機の活性化を、画面に文字が現われるのが短時間すぎて（たとえば、22ミリ秒）わからないぐらいの、意識のうえでは読めないような提示による実験が行なわれています。

ステレオタイプの活性化では、白人実験参加者において、このような短い提示時間で黒人の顔写真を提示された場合のほうが、白人の顔写真の提示時よりもネガティブな意味の単語の認知が速められるとか[6]、ニュートラルな刺激の評価がネガティブに傾く（AMPといいます）などの評

価への無自覚的な影響が報告されています。[☆7]

むしろ、これらを利用して、潜在的に実験参加者が有する態度を測定することが行なわれています。たとえばこのＡＭＰというテクニックでは、態度を知りたい態度対象のコンピュータ・ディスプレイ上での提示に引き続き、欧米人にとっては、評価的にはあいまいで新奇な刺激である漢字を提示して、その漢字について、平均よりも「快（pleasant）」と感じるか、「不快（unpleasant）」と感じるか、その評価をキー押しで回答してもらいます。態度対象の提示と漢字の提示のセットを何度もくり返したとすると、その中で、ポジティブと回答した割合を計算することができます。たとえば、12回の提示セットが行なわれて、その12回中、9回について「快」と回答したとすると、その比率は、75％ということになります。反応時間を測定するよりも手続きが簡単で、計算も簡単です。この快反応の割合が大きければ、態度対象に対してポジティブな態度を有しているということが示されるわけです。なぜなら、その態度対象の提示に伴ってポジティブ評価が生じているところに、あいまいな漢字刺激が提示されると、事前に生じているポジティブ評価を漢字への反応へと誤帰属（ポジティブさを生起させた原因を持っていくところを間違えているということ）されてしまうからです。このように感情的な反応の誤帰属を利用することで、間接的に態度対象への態度を推測すれば、実験参加者の公に表明したくない態度（偏見など）や潜在的な態度を測定することができるわけです。そのためこの手法は、感情の誤帰属手続き（Affect Misattribution Procedure）と名づけられ、ＡＭＰと呼ばれます。

## 5　記憶の歪み

ステレオタイプ的な思い込みの影響は、判断だけでなく、記憶にも現われます。

コーエン[☆8]は、ある女性が誕生日に夫と食事をするビデオを実験参加者に見せましたが、その際に、その女性の職業として二通りの条件を設定しました。一つは、ウェイトレスというもので、一つは図書館司書でした。職業によってステレオタイプ的なイメージは異なり、図書館司書のほうがより知的なイメージが抱かれやすいのです。実験参加者は、その女性の職業の思い込みというか事前知識によって、同じビデオを観ていても強調されて記憶していた箇所が異なっていました。その女性が図書館司書であった場合には、女性がめがねをかけていたとか、部屋に本棚があった、テーブルセッティングがきちんとされていて、ワインを飲んでいたという、ステレオタイプイメージと合致している要素をより確実に記憶していましたが、ステレオタイプに合致していない（あるいは関連が弱い）点については、より記憶があやふやだったわけです。ウェイトレスだと思ってビデオを視聴していた実験参加者は、逆に、部屋にテレビがあったとか、テーブルセッティングがカジュアルなもので、ビールを飲んでいて、プレゼントに恋愛小説をもらったなどという点をより確実に記憶していました。

4章で血液型のステレオタイプを取り上げましたが、その場合も、観察者の思い込みによってよりステレオタイプに合致した行動が記憶されているという可能性があるわけです[☆9]。

## 6　印象形成

しかし、人は他者をステレオタイプ的に見るばかりとは限りません。大切な場面などでは、もっとよく他者を観察したり、もっとよく他者を知ろうとするかもしれません。フィスクとニューバーグ[☆10]は、図5－4のような道筋で印象形成がなされるという印象形成の連続体モデルを提示しました。あまり重要性がない場合や関心がない場合、あるいは多忙で考えるゆとりがないときには、よりカテゴリーに基づいたステレオタイプ的な認知がなされます。ステレオタイプイメージに合致する情報があれば確証が高まりますし、矛盾する情報が得られても、解釈を変えるか、あるいは、そのカテゴリーの中の例外的な存在としてサブタイプ化されることもあります。よほど不一致な情報が得られた場合に、カテゴリーを用いることを断念し、個別情報の積み上げ（断片を統合する「ピースミール処理」）による印象形成に向かいます。

もっぱらステレオタイプが用いられた場合の、カテゴリーに基づいた処理を「カテゴリー・ベース処理」、一方、断片の積み上げを行なう処理を「個人ベース処理」と呼び、この二つの印象形成の仕方を印象形成ストラテジー（方略）といいます。どちらのストラテジーを用いるかにも状況的な歪みや偏りがもたらされることが知られています。これはいわば、情報処理を行なうモード選択のようなもので、このような選択も人は意識して行なっているとは限らないわけです。

たとえば、北村[☆12]の実験では、人がカテゴリー・ベース処理を行なうか、個人ベース処理を行な

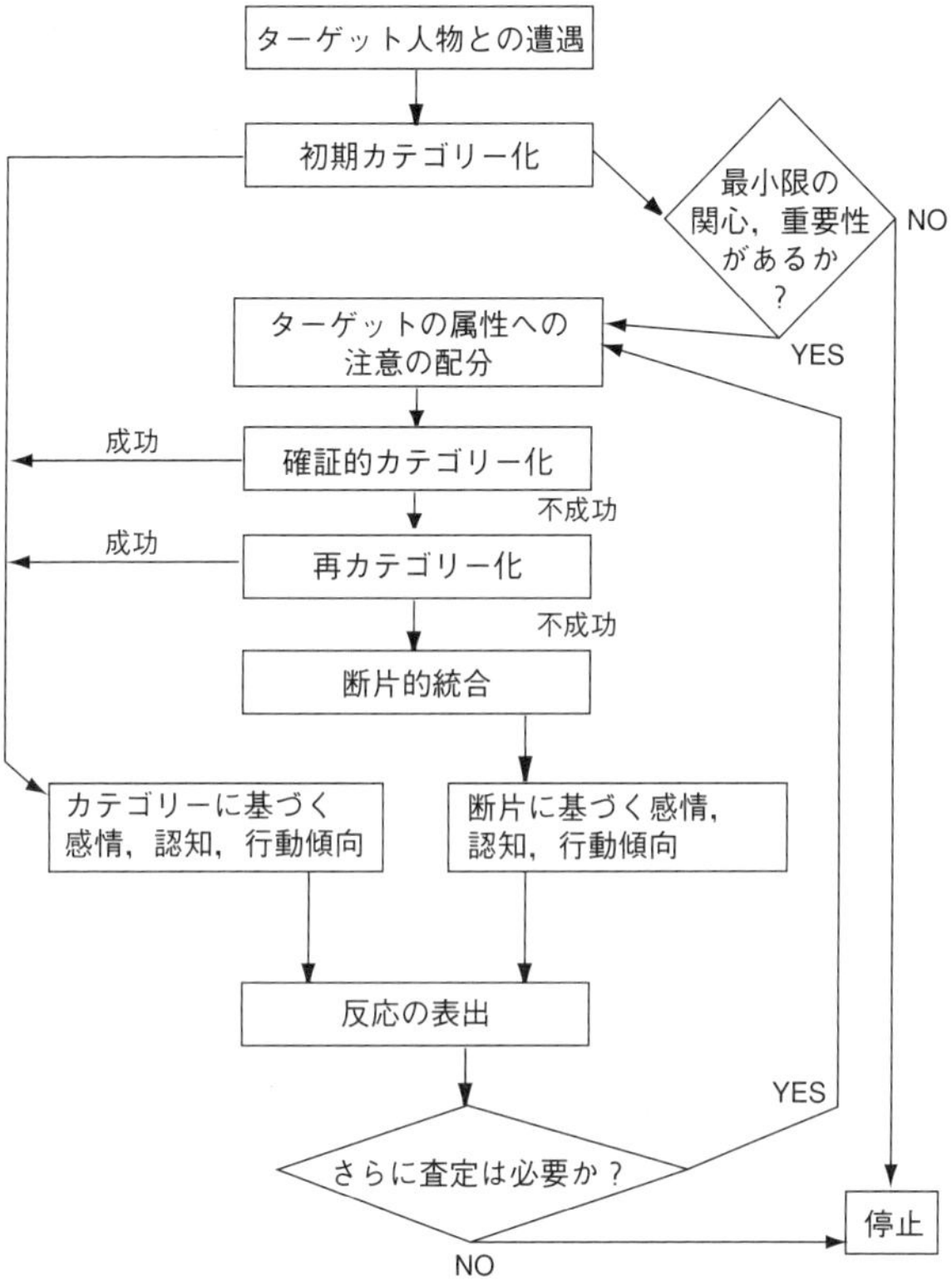


●図 5-4　フィスクらの印象形成の連続体モデル☆10☆11

うか、いずれかのストラテジーが用いられやすくなるように、ストラテジーの事前の活性化を行ないました。つまり、他者を個人の観点からイメージするか、ステレオタイプ的なカテゴリーの観点からイメージするかを、事前に個人処理ストラテジー、カテゴリー処理ストラテジーをとらせることによって活性化させたのです。具体的には、Jリーガーとか、パイロットなど、よいイメージのあるカテゴリーのメンバーのイメージ評定を行なう群、暴力団員、ヤミ金融業者などよくないイメージのあるカテゴリーのメンバーのイメージ評定を行なう群、そして、松井秀喜や氷川きよしなど、個人を評定する群がありました。前二群はカテゴリーを基にしたイメージから印象を報告することになり、三つめの群は個人的なイメージを報告するわけです。評定は、後の評定に影響が及ばないように、「かたい－柔らかい」、「まるい－角ばった」など問題とする特性とは無関係な6個の7点尺度に回答して、一つの群あたりこのような評定を3種類のカテゴリー・メンバーについて行なうというだけです。全体で6×3＝18回のカテゴリー・ベース処理がとられたことになります。個人評定の場合も、3人のターゲット人物について、同じ6個の尺度について評定を行ないます。

さあ、それで、モードの違いが生じたでしょうか。次に、この実験のメインのターゲット人物の登場です。最初の実験では、織田無道さんを使いました。実験当時、よくない事件を起こしていて、イメージが悪くなっていますが、僧侶であるというカテゴリーを強調したならば、僧侶のステレオタイプイメージとして、「尊敬できる」というイメージが湧いてくるはずです。

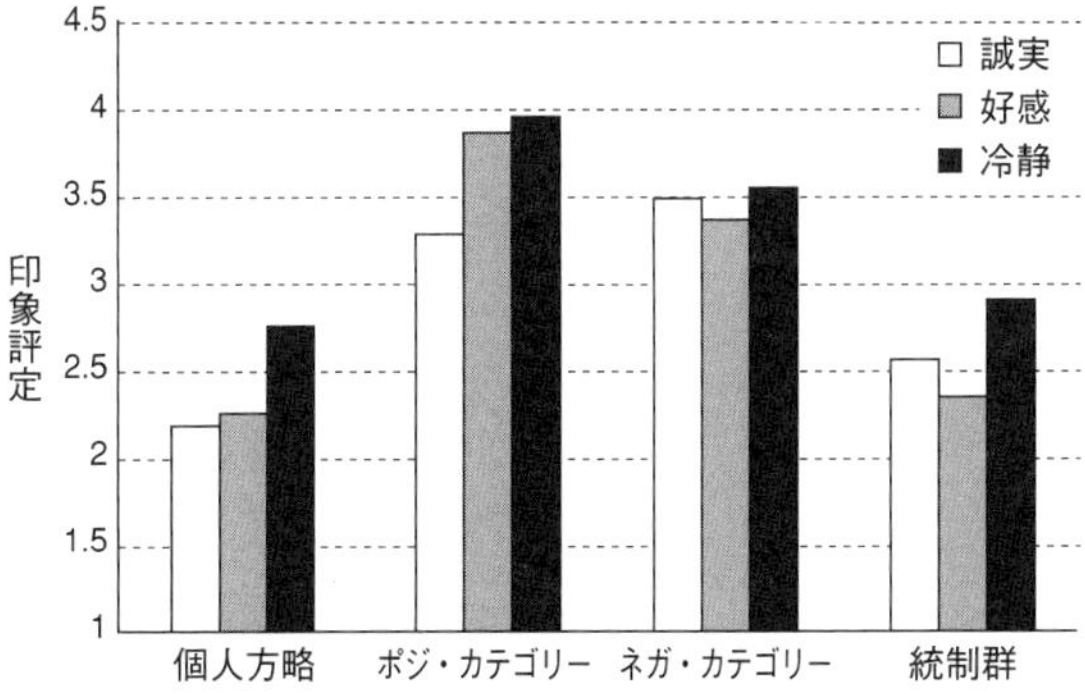


● 図 5-5　各条件ごとの印象評定の平均値☆12

結果は、ストラテジーの活性化が生じて、それが判断に影響を及ぼしていたことを示していました（図5－5）。

「尊敬できる」「道徳的な」など僧侶のステレオタイプイメージにかかわる印象評定尺度の合計値において、カテゴリー・ベース処理群の実験参加者は、個人ベース処理群よりも僧侶イメージに合致したポジティブな評定を報告していました。僧侶カテゴリーが個人ベース処理群の実験参加者よりもより大きな影響を与えていたものと思われます。

もう一つ例を挙げましょう。近年の若者には政治家は身近な存在でなく、汚職や悪いことをする人というネガティブなイメージが抱かれている面があります。この実験では、政治家の田中真紀子さんをターゲット人物として評定を得ています。同様の手続きで、カテゴリー・ベース処理を行なった実験参加者は、一般の政治家イメージに基づいて、「信頼できない」などの評定が相対的に強い結果となりました。一方、個人ベース処理を行なった参加者では当時の田中真紀子さんの人気を反映して、よりイメージのよい回答が示されました。同じ人物の評価を行なうのに、ちょっと事前にいずれかの印象形成ストラテジーのスタンスをとらせるだけで、イメージが違ってくるわけです。あまり好ましい利用方法ではないかもしれませんが、近年の政党のコマーシャルでも似たようなプライミング手法（41頁参照）を用いれば、各政党とももっとイメージアップが可能になるという原理がここに見えるかもしれません。実際、アメリカの大統領選挙では、さまざまな広告的手法や、細かいイメージ的な配慮で、候補者のイメージが少しでも有権者によく見えるよう、よく映るよう、懸命の努力がなされているようです[☆13]。

## 7　見透かされている？

他者は見られるだけの対象ではありません。通常はその人との間に人間関係が展開され、相手もこちらを見ていて、相手からこちらへの印象形成やイメージが重要な働きを示します。しかし、詳細に尋ねない限り、他者のイメージや理解は、その人の心の中にあるもので、直接見ることができません。そこで、私たちはさまざまな推測を行なっています。たとえば、自分がウソをついたときに、それが相手にわかってしまっているのではないかと考えたりします。このような推測はどのくらい正確なのでしょうか。ギロビッチら[☆14]は、まずいジュースを実験参加者に飲んでもらう実験でこのことを試してみました。
実験参加者はなるべく他者にそれがわからないように、五つのジュースを飲みます。どれか一つがまずいジュースで、後で実験者にそれを答えます。そして、この一部始終の光景を実験参加者の承諾を得てビデオに撮影します。そして、実験参加者に、ビデオを視聴する10人のうち何人くらいが、飲んでいる様子からまずいジュースがどれだったかを当てることができると思うかを尋ねています。

当てられそうだという推測が平均して3・6人程度と回答されたのに対して、実際に当てることができたのは、2人くらいでした。当てることができたのは、偶然の範囲を越えていません。仮にビデオを観た人がでたらめに回答したとしても五つの選択肢ですから20%の確率で当たり、10人中2人が当てられる計算（期待値といいます）になるからです。

このように人は他者の推測力を過大視して、自分の行為に含まれているさまざまな意味や意図、そこに含まれている自分の個性について、他者は自分の選んだ選択肢を当てられるものだと過剰に考えがちです。このように自分のことが他者に透けて見えているだろうと過剰に考える傾向を「透明性の錯覚」と呼んでいて、錯覚が生起する要因などについて、近年研究が盛んになっています。

武田と沼崎[☆15][☆16]は、他人よりも親しい他者において、このような錯覚がより大きくなることを性格の評定や意図の伝達などを題材に確認しています。友人のほうが自分の個性を理解しているに違いないと人は考えがちだからです。興味深いことに性格評定について、友人側も自分は相手がどう評定しているか当てられると過剰に思いがちであって、実際に当たった数よりも多めに当てられることを予測していました。これを見透かしの錯覚と呼んでいます。[15]

北村が二〇〇三年にとったデータについて紹介しましょう。そこでは、10個の質問を用意し、それぞれ四つの選択肢が用意されていて選ぶようになっていました。「イチゴのショートケーキはどこから食べますか」「なりたいキャラクターは何ですか」「一番許せない行為はどれですか」などの問いについて、自分自身が回答するだけでなく、相手がどのように回答しているかを予測して相手が選びそうな選択肢に○をつけます。このとき、相手もこちらの選択を予測して選択肢に○をつけています。そこで、次に、相手が予測した「私の選択」は、どれであるかを予測します。つまり、相手は、「私だったらこれにマルをつけているに違いないと向こうはきっと思っているだろうな」ということです。さらに、相手は自分の選択を何問当てられたと思うかを直接尋ねています。4肢選択ですので、ランダムにつけると平均して25%が当たることになり、2〜3個が正解となり得ます。このペアは全く他人どうしか、友人どうしのいずれかでした。

実際に当てられた数の平均は、10問中3・7個でランダムな場合よりはいくらか多くなっていますが、それは友人でも他人でも変わりありませんでした。しかし、当てられる側の予測としては、相手が他人であれば、3・2個程度当てるだろうと考えるのに対して、相手が友人であった場合のほうは、およそ5個程度当てるだろうと高く見積もって予想していました。この5個という予測は実際に当てられた数に比べて差が見られる傾向にあったわけで、この点で友人条件のほうがより顕著に透明性の錯覚が観察されました。このような他者の視点をとるような推測の方面でもけっこう思い込みが働いて、実際とのズレがあることが確認できます。

## 8 気分の影響

知らず知らずのうちにそのときの気分の影響が入り込んでくる場合があります。私たちは、ポジティブな気分のときには、寛容で好意的な判断を、ネガティブな気分のときには、厳しい判断を下すようなことがあります。これを気分一致判断効果と呼んでいます。気分と一致したことがらを思い出しやすいという気分一致記憶効果も知られていますが、それによって、ポジティブな気分のときには、ポジティブな材料が頭に浮かびやすいからだという説明もなされています。

それよりも、簡単な考え方として、判断の対象が評価的にまだ決まっていなくて曖昧なときや他の手がかりに欠けるようなときには、自分の感情にアクセスして評価を決めるというプロセスも仕組みの説明としては有望です[☆17]。

また、ネガティブ気分時に非好意的な判断を下すとは限らず、より熟慮的で精密な検討を行なった判断をすることも知られています[☆18☆19☆20]。それに対して、ポジティブな気分の際にはより大まかで簡略的な結論の出し方をします。ポジティブな気分のときのほうがより冒険的で、さまざまなことにトライしてみようという気持ちになりやすく、面白いアイデアも湧きやすいようです。このような気分の影響に人はしばしば無自覚で、知らないうちに自分の判断を左右しているといったことがあります。

本章では、人のさまざまな行動が、行動する本人には無自覚な影響を受けて行なわれていることを示しました。ですから、人間の行動メカニズムについての真理を解き明かそうと思うならば、本人にインタビューしたり、アンケートに回答してもらっただけではわからないということです。本人の意思や意図、本人の認識を知りたいときは、自己報告式の質問に回答してもらうことでよいわけですが、人間の仕組み、科学的なメカニズムを知ろうとした場合には、それとは異なるアプローチをとって、行動で表われたものを測定するなどといった工夫が必要です。また、逆に、私たちが知ることができるのは、結局、本人の認識でしかないという場合、あるいは、本人の認識こそが大事だという場合があります。自分で自分がどういう人間だと考えているから、このような行動をするといった場合、その人の自己認知を尋ねる必要がありますし、友人のパーソナリティそのものが影響するよりも、むしろ自分が友だちのことをどう考えているかが大事な場合には、その他者認知を見ていく必要があるでしょう。

知りたいことを素朴に人に尋ねるというやり方だけでなく、自分が探究したいことはどういったやり方で最もうまく実現するのか、あらかじめよく考えて、いくらか見通しを持ったうえでチャレンジしていくことが必要でしょう。

人間がどのような仕組みになっているか、科学的に探究するとすれば、その生理的メカニズムや生物的特質も重要な基盤になっています。では続く6章、7章ではこのようなより生物的な側面から人間にアプローチしてみましょう。

# 6章 心の成り立ち

## 1 視覚の処理システム

私たちがものを見る仕組みについては、神経的にかなりわかってきています。網膜には、桿体《かんたい》という光に反応する視細胞1億個以上と、色に敏感に反応する錐体《すいたい》が600万個ほどあって、これらは光によって変化する色素を持っています。色素の化学構造の変化、さらに引き続く化学反応によって、光のエネルギーは電気的情報に変換されていくのです。神経細胞は電気的信号（インパルス）を送り、神経節細胞から視神経を通って、脳に情報は送られていきます。そこでの信号伝達（情報処理）回路を描いたのが、図6－1です。[☆1]たとえば、第一次視覚野（V1）には、ヒューベルとウィーゼルが調べた線の特定的な範囲の傾きに反応する神経細胞が並んでいます。[☆2]V4野の神経細胞は色の刺激に反応しますし、MT野は動きに反応します。このようなさまざ

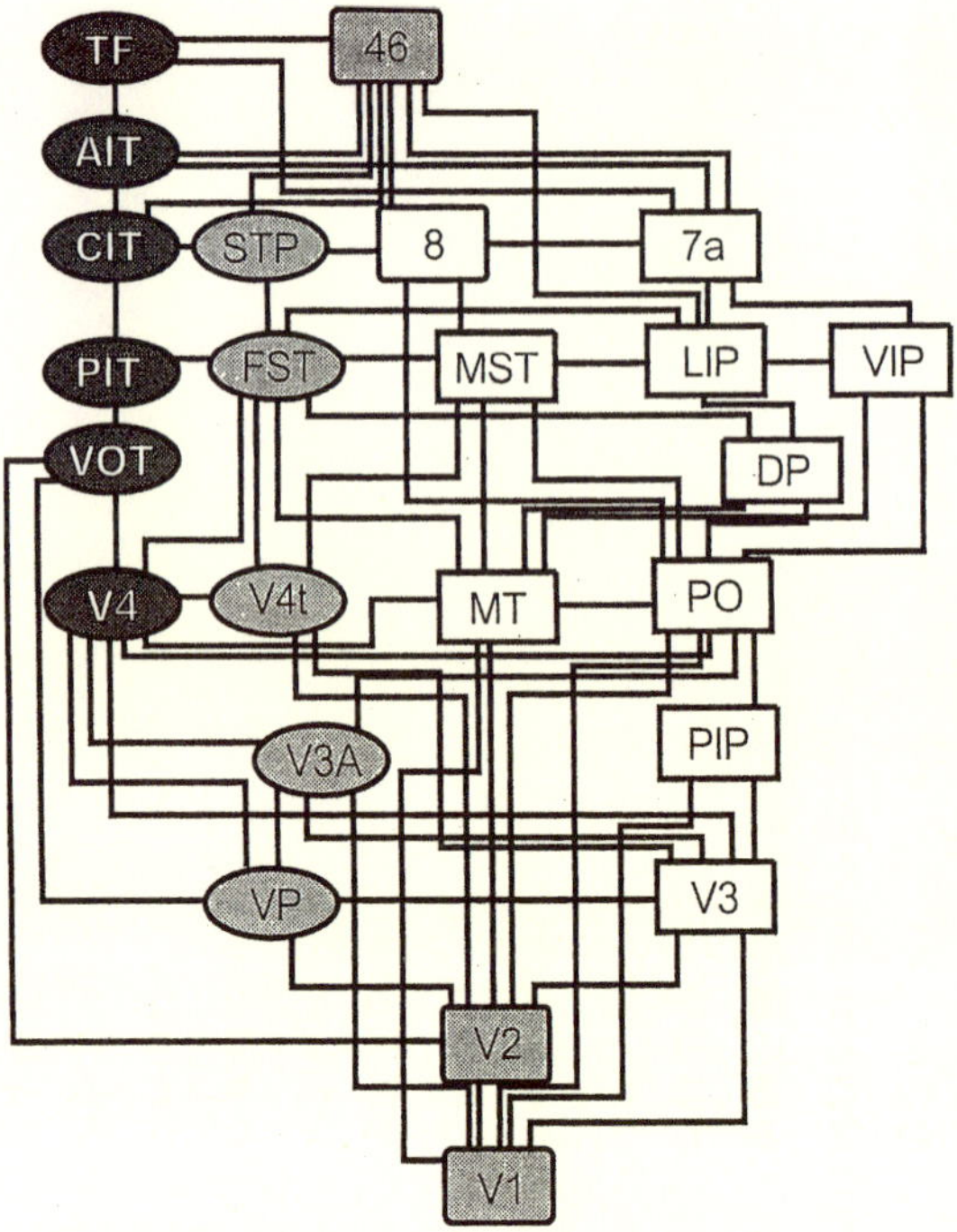


● 図 6-1　脳領野における視覚情報処理の流れ☆1

まな情報を視覚連合野など高次にいくにしたがって統合しているわけです。さらに、経路自体が二つに分かれていて、腹側の経路では、色や形などの形態視がなされ、背側の経路では、空間的な位置関係や動きがとらえられています。このような知見は脳神経生理学者や神経心理学・生理心理学を研究している人たちの研究成果として示されているものです。神経心理学とは、ずいぶん基礎的な生物学のようなことをしている分野だと、読者は思われるかもしれません。しかし、心にかかわる知見を得るためにはたいへん重要な基礎過程を扱っているわけです。

脳神経による情報処理には細かな段階があり、それぞれにおいて独自の処理ステップにかかわっていることがわかりますが、ある部位の果たしている役割をよく表わしてる証拠として、脳に損傷を負った患者さんたちの協力のもとに得られたさまざまな知見の一端を紹介します。

私たちは、大人であれば、見たとたんに日常的な簡単なものを理解することができます。たとえば、金づちやくぎなど、それは何のために使う何という道具であるか見ればわかるわけです。右半球の後頭部などに損傷を持つ統覚的失認と呼ばれる患者さんは、ものは見えていて、その部分的な特徴――長い部分がついている、先が尖っている、丸い部分があるなど――は認識することができます。しかしそれが全体として何という道具であるかがわかりません。損傷する前にはもちろん何ということもなく簡単にわかっていたことが、認識できなくなるのです。部分的特徴を全体的に統合してまとめあげる働きをする部分が損なわれてしまったわけです。

右半球の後頭葉および側頭葉の内側の領域に損傷のある相貌失認の患者さんは、家族やよく知っている有名人の顔写真を見せられても誰だか答えることができません。自分自身の写真を見ても誰だか認識することができない場合もあります。ものの知覚、動物の知覚には問題がないのに、人の顔がわからない、そんなケースが見られるのです。どうやら顔の処理専用の脳領域があり、その損傷がかかわっていると考えられますが、ものの認知の高度に複雑化したプロセスであると

いう意見もあります。[☆3]

失認では、左か右か片側が見えないという半側無視という現象が起こる場合があります。網膜には全体が映っており、基礎的な視覚処理もなされているので、高次な処理がどこか損傷していて意識のうえでは見えなくなっているものと考えられます。あたかも片側がないかのようにふるまい、絵を描いても片側が不完全、あるいは描かれないままになってしまうことがあります。

三次元的な領域が視野から失われることがあります。離れたものは見えるのに、手の届く範囲（リーチ領域）が見えず、あたかもそこには何もないかのごとくふるまうことが起こります。このように空間認識の中でも、プロセスが領域によって分かれていて、「届く範囲」というのは非常に重要な空間領域なので、最終的に固有の処理・対応がなされているのだということがわかります。[☆4]

また、ことばにかかわる脳領域も古くから研究がなされてきました。言語の理解にかかわる障害であるウェルニッケ失語症と、言語の産出にかかわる障害であるブローカ失語症が知られています。左側頭葉上部のいわゆるウェルニッケ領域の障害は、言語の入力段階に問題が生じ、人の話がうまく理解できなくなってしまいます[☆5]（図6－2）。自分で発話することはできて、ことばも流暢に出てくるのですが、意味の通った理解が他者からややなされにくいような話をするのです。ブローカ失語症では、前頭葉の左側頭葉に近いところにあるブローカ領域の損傷のため、人の話は理解できても、発話がうまく産出できません。該当する単語をスムーズに口に出すことが

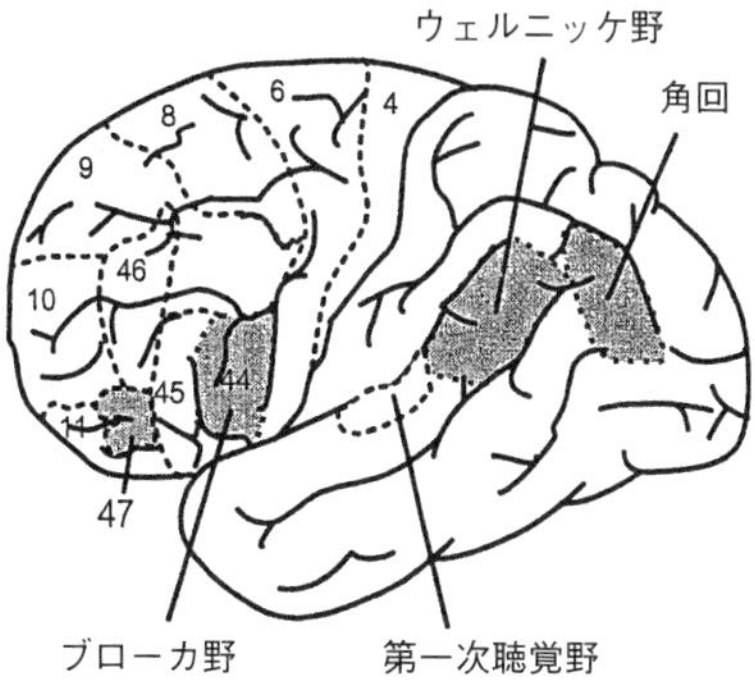


● 図 6-2　脳の言語野[☆1]

できないで、関連のある単語をいろいろと挙げつつ語るような話し方になりがちです。

また、後で詳しく見るように、脳の損傷によって、これまで社交性もあってリーダーシップをとれた人が、人づき合いがうまくいかなくなってしまった例もあります。

少し考えればわかることですが、このようにさまざまな「こころ」にかかわる心的現象は、物質的には脳を含む身体に支えられていて、そこで展開される生理的、電気化学的なプロセスが心の基盤になっています。物質を介さない「こころ」がどこか宙に浮かんでいるわけではありませんが、これに類する「霊」の存在を信じる人もいます。霊を信じていようがいまいが、基本的な多くのプロセスが脳の活動によって支えられていること自体を全く否定する人は現代にはほとんどいないでしょう。

脳の電気化学的なプロセスに心の活動の基礎を見いだすからといって、人の心が機械的でコンピュータのように理解できると言っているわけではありません。もちろん、脳は感情や人間的な意志を装備したメカニズムであって、喜びも悲しみも感じるわけです。この点は、身近にあるコンピュータと全く違ったところでしょう。しかし、脳の働きにはコンピュータに似た点もあります。

コンピュータは、キーボードやマウスの操作、あるいは音声入力によって、定められた処理を行なって、その処理の結果をディスプレイ画面やプリンターに出力します。人間は、視覚、聴覚、嗅覚、味覚、触覚などの入力システムから得た情報を脳を中心に処理をして、その結果、感情が生じたり、思考したり、行動したりします。外界から入ってくる刺激を情報と考えれば、脳も一種の情報処理システムであることがわかります。ただ、脳に入力される情報は通常私たちが使っているコンピュータと比べものにならないほど豊富で多様な情報がもたらされています。コンピュータは人間が道具として用いるものなので、使っているときに何のために利用するのかその目的があって、そのために入力作用が行なわれているわけですが、人間の場合ではそれ自身が生き物であって、一つひとつの入力情報が何の目的で入ってくるかはあらかじめ明確にはなっていません。広く言えば、それは、人間が生命を維持するため、環境に適応するのに役立つように情報が集められているわけですが、もっと細かな目的については、むしろ情報の意味するところからそれにあった処理が施されることになるわけです。したがって、コンピュータの働きを予測することはより容易なことですが、人間がある環境のもと、ある情報入力があった際にどう行動するかを予測するのはずっと難しいことになります。

しかし、脳の中で一種のコンピュータのように情報が処理されているのだと想像してみることは、人間についての理解や人間の働きの発見に非常に役立つ視点となります。まず、このような処理が人間自身にとって十分意識されないで行なわれることがある点をよく理解しておくことは大切です。多くの生理的過程は意識的にアクセスできませんし、そういう自覚のない中で私たちは実に多くのものごとを処理しているわけです。

図6－1で示した視知覚プロセスも多くは無意識のプロセスです。無意識ながらも人間はたいへんうまい具合に情報を処理しています。しかし、考えてみれば、このような無意識の処理というのは、生き物にとってはむしろ普通のことでしょう。人間のように意識をもった生き物はいないのではないかと考えられますが、多くの生物は、それでもうまく環境に適応しています。知覚や代謝、循環だけでなく、捕食者から逃げたり、群れの仲間関係を保ったりします。実は、生物としては多くの処理や行動は、必ずしも意識的処理を行なわないでもできることなのです。人間のように考え込んで、結論を出さずともできてしまうことは多いのです。

## 2 脳と記憶

さて、3章で見た記憶の意味ネットワーク（41頁参照）などの記憶保持システムも脳のプロセスとして実現されています。このような知的なふるまいがコンピュータから想像できるような何らかのシステムによって、脳において、電気化学的なプロセスとして実現されていそうなことは何となく想像がつき、納得もしやすいでしょう。

障害や手術によって生じる記憶障害の場合では、昔のことは覚えているのに、新しいことが覚えられないといったケースに遭遇します。食事をしても食べたことを忘れてしまったり、昨日会った人の名前も覚えられません。このような記憶障害が現われるのは海馬に損傷がある場合で、海馬は新しい記憶の形成に重要な役割を果たしていると考えられます。しかし、描画や技能など技術的な習得、いわば「からだで覚える」ようなことについては、作業を行なったり、練習したりしたこと自体は忘れてしまいますが、練習の効果は保持されています。これは手続き的知識といわれるものですが、その習得、保持がなされていくシステムは、名前や出来事、ことがらの記憶（宣言的知識、あるいは命題的記憶と呼びます）とは異なっていることがわかります。

## 3 意識と感情

次に、意識と感情にまつわるプロセスについて簡単に見てみましょう。意識というと、概念的、言語的な思考が思い浮かびやすいかもしれませんが、このような知的操作だけでは十分よくわからない点があります。茂木[☆6]は、意識の一番重要な謎をクオリアにまつわる現象として取り上げています。クオリアとは一種の質感であって、リンゴを見たときに感じる、赤い表面がすべすべしたある固さをもった「感じ」のことで、このように、ものに対して人間が感じる生き生きとした質感が私たちの意識を絶え間なく構成していることを指摘しています。

このようなクオリアはどのように構成されるのでしょうか。第一には、記憶内の連合によって、リンゴに結びついているさまざまな知識が活性化されることにあるのでしょう。しかし、ここで重要なのは、活性化されるのがどのようなシステムであるかです。これまでの認知的なネットワークモデルでは、概念的な知識がリンクを介してつながっていることしかイメージしていませんでした。

しかし、ここでものにまつわる感情的な要素を考慮すると、新皮質で処理される概念的なことがらには、それと結びついている感情的なことがらがあるものと考えられます。知覚したものの感情的な特質は主として扁桃体によって評価的要素が処理されていますが、学習によってある事物と感情や評価が結びついて学習されていくわけです。このような連合には扁桃体のほか、前頭前野腹内側部が関連していることをダマシオ[☆7]は指摘しています。私たちは、よいことには接近し、よくないことは避けようとします。毒のある食べ物、まずい食べ物は食べようとせず、面白い遊び、好きな友人には近づいていきます。普段の生活でも好きな趣味に時間をとったり、車を運転しているときには危険そうな車には近寄らないようにしたいと考えます。何年もの人生経験によって、私たちは、自分に快をもたらすものと、不快をもたらすものを学習してきたのです。このような学習プロセスは従来、行動主義の心理学で研究がなされてきました。現在、このような賞罰との連合の形成は脳神経プロセスの研究としても積極的に進められており、人間の基礎的な重要な学習プロセスであることがわかってきています[8]。

このような学習には、賞罰を賞罰として感じるシステムが不可欠であり、嫌なことを不快に、賞を喜びなどの報酬として感じるシステムが必要です。そして、何を経験したときに、賞／罰、快／不快を感じたかを結びつけて、その結びつきを情報として保持しておく必要があります。そうでないと、いつまでも避けるべきことや社会のルールなどが学習できません。ダマシオ[7]は、幼少期に前頭前野腹内側部を不幸にして損傷した子どもが、社会的なルールを学習できずに、ルールを破り続け周囲と葛藤を引き起こしやすくなることを実例を挙げて説明しています。

大人でも前頭前野腹内側部を損傷した患者さんはリスクの多い危険な選択をやめないとか、レストランでメニューから注文する料理を決められないなど、さまざまな日常的困難が生じることを示しています。このように感情は、私たちが生きる日常において、自然で効率的な選択や判断、意思決定を行なうのに不可欠なシステムであることがわかってきたわけです[9][10]。

しかし、それだけでなく、感情は意識に対してとても重要な働き、結びつきを持っています。事物と連合されたこのような感情的要素は、視床下部や脳幹と神経的連絡をとり、身体内の生化学状態や特定の筋肉の緊張などにも影響を及ぼします。感情は頭だけで感じるのではなく、言ってみればからだ全体を用いて（その情報は脳にフィードバックされていますが）私たちは反応しているのです。

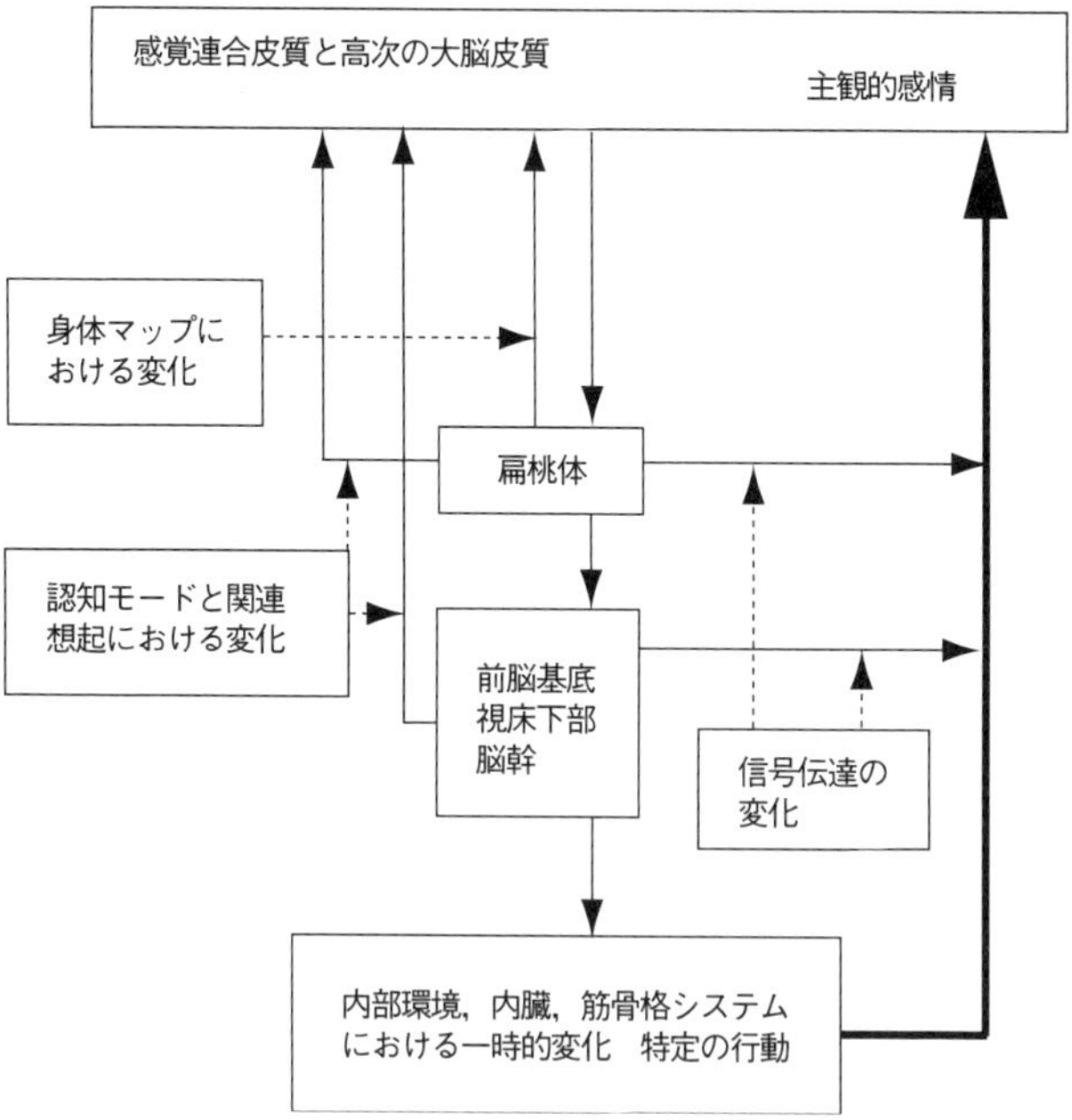


● 図 6-3　主観的感情へ至る身体から脳への信号の伝達[☆11]

リンゴなどの物質がもたらす質感は、私たちがこのような身体／感情的連合についても反応が活性化されることによって生じます。活性化が及んでいく範囲をこのような感情／身体システムへと拡張して考えていかなければなりません。そして、このような身体状態の変化は脳にフィードバックされ、さまざまな経路から総合された情報が私たちに感じられるのです（図6－3）。これが私たちの「主観的な感情経験」の正体であるとダマシオは述べています。[☆11]

この背景としてうっすら感じ

られる自己の身体状態のモニター、フィードバックの総合は、私たちに何がしかの快適さや不快さを生じさせ、それが、意識のBGMのように、ずっと背後に流れているというわけです。というよりも、実際、意識構成のもともとはこのような主観的感情としてモニターされる、その経験こそが意識の重要な由来であると考えられます。そして、これがクオリアの正体と深くかかわっているのでしょう。もっとも意識にとっては、表象されるイメージや言語（もともとはその原始的形態）が果たした役割も大きいと考えられますが、このようなイメージや概念も必ず何がしかの感情的要素は伴っていて、その感情的色彩と共に心的経験として感じられていたものと考えられます。

このように意識経験において感情は重要な役割を果たしており、身体状態のフィードバックの中枢として、特に右側の体制感覚野および島という部位が関係しているようです。

## 4 脳を考える

脳神経生理の側面から、人間の心理を考えていく研究は、どの脳部位がどんな役割を果たしているかの地図を描くだけではなく、その役割がわかれば、それらが互いにどう連絡しているかを調べることから重要な知見を得ることができます。

心的システムのどれとどれがどんなふうにつながっているのか、そのハードウェアの様子から、人間というシステムがどんな情報処理が可能で、どんなことはできそうもないかがわかります。主観的意識を構成するのに重要な部位に全く連絡が行っていない身体情報は意識的自覚が不可能であることがわかります。そして、人間がどのような情報処理を基盤にして日常の生活を営んでいるのか、このような知見や、脳の損傷や疾患を持った患者さんの抱える問題を通して、深い理解を得ることもできるのです。

私たちの意識やイメージは、何の基盤もない空を飛んでいるわけではありません。そこには、どんなに不思議でもとてつもなく精巧で、信じられないほどよくできあがった物質的システムによって、認知・感情プロセスは実現されており、その様子を知っていくことは、人の認知・感情プロセスのより妥当性の高いモデルを構築していく際に不可欠の知識的基盤となるでしょう。

現在、人の判断の社会性についても関心が持たれていますが、社会的な判断、集団の中に適応した判断・行動をとっていくのにも感情的要素が重要です。うまくいかない事態を「嫌なこと」として経験できないと、適応的な行動へと調整するのが難しいからです。感情的プロセスと認知プロセスの両方と密接な連絡を持つ、眼窩前頭野がこのような社会的処理の中心になっているのではないかと研究が続けられています。[☆12] この分野は進展が非常に速く、三年、五年でどんどん新しい重要な知見が得られていくというような、心理学を行なううえでは目の離せない重要領域の一つと言えるでしょうし、新たに心理学研究に関心を持って、参入していきたいと考える人にとっては、とても有望な領域です。このような脳科学を行なうには、心理学科だけでなく、医学や生理学の研究室、生物学の研究室などさまざまな研究機関がかかわっています。現在、認知神経科学という分野も成立しています。これから進学を考えている人にとっては、文学部の心理学科だけが、人間の心のプロセスを研究していく有力な研究の場ではなく、今はもっと広がりを持っているのだということを知っておくとよいでしょう。

また、人間の心にかかわる生理過程は脳過程だけでなく、脳波や事象関連電位、皮膚電気活動、心拍や心電など、多くの末梢的な神経過程の測定、研究によってもなされます。生理心理学の伝統としてはこちらのほうが古くから研究が多くなされています。たとえば、人が感情を感じている状態であるかどうかなども、主観的な自己報告に頼るだけでなく、末梢の生理過程の変化から役立つ情報をとらえることもできます。今回は限られた紙面で、末梢過程に詳しく触れませんが、このようなプロセスもたいへん興味深い研究テーマです。

## 5　生理的測定の意義

「生理的過程を検討しても人の心はわからない」「テレビの機械的性質を調べてもどのような番組が映し出されるかわからないし、コンピュータのメカニズムがわかっても実際に人がコンピュータを用いてどのような作業をするかはわからない」などと言われます。高次のレベルで考えないと意味がとらえられないのです。コンピュータを使用しているときの電気信号の０、１のあり方を全部観察していても、作業の意味合いとして何が達成されているかはわからないわけです。意味を把握するのに、高次のレベルでの解釈や突き合わせが必要なのはそういうわけでしょう。

しかし、からだがどういう仕組みで反応して、どのような方式で情報発信、情報伝達を行ない、心身の調整を行なっているかがわかることは、人間の反応生成、感情の喚起、変容などについての身体的限界や制限がわかることになり、その対処についてもアイデアを作り出すことができます。たとえば、よくない状態からよい状態へ変化する際の生理学的条件がわかれば、その生理学的条件を満たす方略を高次レベルから案出し、それを行なってみて、低次レベルで検証することなども可能です。うつ状態のときの生理的条件や変化の条件がわかれば、薬物として抗うつ剤が開発されるだけでなく（現に行なわれています）、心理療法の効果や、特定の作業の効果なども調べていくことができるわけです。生理的な知見は必ずしも薬物による生理的な解決を目指すばかりではありません。むしろ、人の日常的な活動を生理学的レベルでモニターすることから、効果的な変化やプロセスが確かに生じているか、実証的に多面的に観察を行なう方法を豊かにしている点が大きな利点ではないでしょうか。

生理的研究の側からも生理的メカニズムを斉合的にうまく説明できるモデルが求められているといいます。高次のプロセスを扱っている認知心理学や発達心理学、社会心理学の側から生理的プロセスも視野に入れたモデルを共に積極的に提案していく努力を行なうことがこれからは重要となるでしょう。

# 7章 心の由来

## 1 自然選択

6章において、人間心理の生理的基盤に触れました。考えてみれば当然ですが、人の心理過程はこのような生理的、いわば物質的なプロセスによって支えられています。そのメカニズムは驚嘆するほど精巧によくできていて、美しいとさえ言えます。このようなメカニズムはどのようにできてきたのでしょうか。

現在、最も有力な科学的仮説は、ダーウィンを基本とした進化生物学の考え方です。先に形成された原初的な生物の突然変異により、変異のうち環境に適応し、多く繁殖したものが、次世代にわたって残っていくプロセスの連続が46億年のうちに、地球上にこのような生命体系を形成したという考えです。考え方の基本は突然変異と、適応によって生存率、繁殖率が変動するという自然選択の概念です。繁殖率の変動によって、多く残っていくもの、途絶えてしまう生物種などが現われますから、繁殖率を規定する要因が重要です。自然に対する一般的な適応以外にも、この繁殖率に大きな影響を持つ要因として、雌雄のある生物では、性選択の問題もあります。雌雄によって子孫ができなければ、遺伝子が残っていかないわけですから、互いにいわば伴侶として選ばれないといけないわけで、このような異性による選択を促進する形質が拡大され、選択を阻害するような形質は減退していくというのが性選択の考え方です。

まず自然への適応を考えるにあたって、目というメカニズムの進化を例として考えましょう。目は光を検知するシステムですが、光がわからなくても生きていける生物はいます。しかし、地上の生活はたいてい食物というその生物にとって重要な報酬的なものを摂取し、捕食者や外敵から逃れることが、生命を維持する生活の基本でしょう。自己に照射される光の加減を知ることは、大きな外敵が近づいてきたことなどの自己の周囲のリアルタイムの環境状態を知らせる有力な情報たりえるでしょう。光を若干でも検知できるようになった生物がそうでない同種の個体よりもより多く生き延びて繁殖するようになれば、「光検知システム」は広まることになります。

しだいにこのシステムは、神経的に進化を遂げ、かなり外界の光学的状態を精緻に反映するようになり、細かに外界の状態を生命体に知らせる働きを進展させてきました。興味深いのは、動物の進化の道筋としては異なる道筋を通って、直接つながりがない生物、たとえば、人間と昆虫（ハチなど）に、各々形は違っても目という視覚システムが進化していることです。つまり、自然の中で生命体が生活を行なうのに、有用なシステムがあれば、異なる道筋においても、それぞれ独自に類似した進化が達成し得ることを示しています。

## 2 進化とは

ただ、ここで気をつけていただきたい点は、「進化」というのは進歩とか優秀とかバラ色の未来とかそういったよく連想される概念とは違うということです。たまたまそのときの環境と適合して、より多く生き残った生命体が多く繁殖しているそのプロセスを進化と呼んで概念化しているだけで、別に生命体として後期に現われたもののほうが有能だとかそういうことを言っているのではありません。基本的なシステムでサバイバルできている生命体のほうがよほど適応的かもしれません。

したがって、後に現われた生命体が偉いとか、地上を支配する権限があるなどということは当然全くありません。どんな地球上の生命体も地球環境の中での生命連関の循環システムの中で、共生し、互いに互いをその生存環境の一部としながら、現在の姿まで歩んできているわけです。そして、今の状態が最高に良いということでもありません。生命システムの進化は、いわば物質的な現象なので、良い悪いなどの価値を包含していないことを深く理解しておくことは大切な視点です。生き延びるものが良い存在で、滅びるものが悪い存在などということはありません。そして、自然が何かの方向に向かってあらかじめ方向性や目的を設定しているのではないため、進化のゴールや、その「目的」などというものもありません。そもそも環境が激変してしまえば、適応すべき外的環境状態が変化するため、現在の適応メカニズムが無効になる可能性もいつだってあるわけで、どちらの環境に生きていられることが特に優秀などということもありません。寒いのに適応しているのと、暑いのに適応しているのと、どちらが優秀なシステムかなどという比較はナンセンスなわけです。こういったことは、進化心理学を生かじりする初心者が陥りやすい誤解なので、どれだけ強調しても足りないくらい、心得ておくことが重要な点と言えます。

環境によって容易に変動を受けるため、たとえば今適応しているものが優れていて、それが「優秀な遺伝子」であるという考え方もとりません。優生学につながる必然性は、進化心理学の研究や遺伝子研究そのものに内包されているというよりは、特定の適切でない目的を持った利用のされ方が問題なのです。遺伝子レベルで見ても、あったほうがよい遺伝子、ないほうがよい遺伝子などは簡単に考えられるものではありません。環境は変動しますし、何よりもとりわけ人間の場合、個々人の幸福は個々人のものですから、他者や学問が幸不幸を強制するものではありません。障害を持っていても幸せで充実した人生はありますし、それが、健常者の人生に劣っているなんてことはあり得ようはずがありません。遺伝病においてもこのような価値判断がつきまとい、自分で対処当事者にならない胎内の子どもに対して、親がどのような態度で臨むかも現在議論されているところであり、個人の判断に一概に口出しできるかどうか難しい点もありますが、胎内の早期診断が社会的な差別につながらないように望むものです。

物質的に繁殖して広まっていくのは生物の形質なので、それを規定しているのは主として遺伝子です。環境との相互作用や、いつ発現していくかの時間の問題、その発現の条件などの問題は伴いますが、突然変異が生じる場、自然選択によって残って繁殖が生じるプロセスが見られる主たる場は、遺伝子ということになります。

しかし、現在「遺伝子」というものにも誤解が多く、生まれてからずっと変わらない生得的な性質にかかわっているとか、融通が利かず、一定のものであるとか、統御不可能であるなどのイメージが持たれていることが多いようです。

しかし、人間における第二次性徴が、思春期に訪れることからも明らかなように、遺伝子の作用は生まれながらにして全て目に見える形で現われているわけではありません。また糖尿病のように、疾患にかかりやすい傾向の遺伝子を持っていても、食生活などの暮らし方との相互作用で、疾病の確率の変動がもたらされます。環境内にある何らかの要素（食べ物や、他の身体の状態など）との絡み合いで、身体内で遺伝子がある機能を積極的に果たすようになるか、あるいは静かに眠った状態のままであるかが左右されます。

また、私たちの皮膚も髪の毛も随時入れ替わっていますが、このような身体の日々の生成も遺伝子の作用によって担われています。遺伝子は生まれるときに何かを決めて役割を終えるようなものではなく、日々の生命の維持のために、絶え間なく作用し続けているものです。ですから、その変調によって、髪の毛が生産されにくくなるなどの高齢化に伴う変化などが見受けられるのです。

遺伝子が作用して、生命維持に必要な生化学物質が体内で生成されているので、変調に際しては、それを補う化学物質や、働きをブロックする物質や、促進するような物質を開発して、身体内に投与していくことも可能です。このような医療的対処は近年目覚ましい発展を遂げています。遺伝子の働きは魔術的なもので、その変調が絶対に食い止められないというものでもありません。論理的には研究が進めば、人の手によって対処可能な方策がいろいろと講じられるものなのです。

## 3 人間の進化

以上のような注意事項を前提に、人間と進化のかかわり合いについて考えてみましょう。人間が近親のチンパンジーなどとの共通の祖先から枝分かれしたのは、600万年前と言われています。すぐに現在の人間になったわけではなく、アウストラロピテクスやホモ・ハビリス、ホモ・エレクトゥスなどいろいろな種類のものがありました。有名なネアンデルタール人は今の人間の直接の先祖ではありません。別の枝分かれをした存在だと言われています。このように進化の枝分かれは、生命体がまっすぐに次々と変化して、「最終的に人間になった」というものではないことを示しています。各々が別の道を歩いているだけなのです。

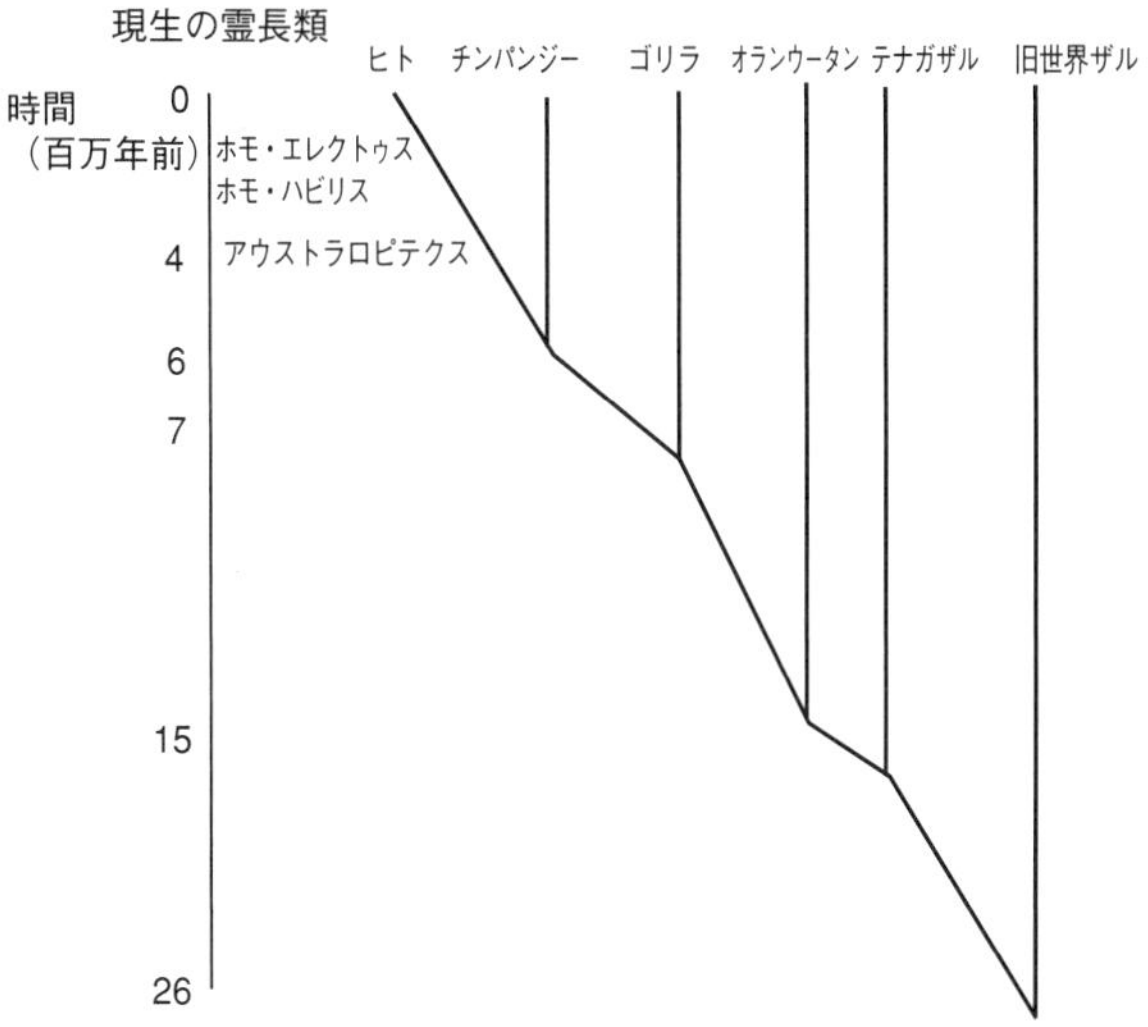

●図 7-1　霊長類の系統樹[☆1]

チンパンジーと人間には共通の先祖がいて、その後、チンパンジーはチンパンジーの道を進み、人間は人間の道を進んで、今があるのです（図7－1）。ですから、今のチンパンジー自体を何万年待っても、今の人間のようなものに変わるというわけではありません。すでに、それぞれの生命体がそれぞれなりに変化、経過した後の今の形態をとりあえず持っているのだということです。ここからも優劣を論じるのがナンセンスであることがわかるでしょう。

さて、遺伝子の繁殖ということを聞くと、ドーキンス[☆2]の利己的遺伝子ということばを思い浮かべる人もいるかもしれません。ドーキンスの著作自体をよく読まずに、そのことばからイメージされることだけを思って、論じたりしている人もいるかもしれません。遺伝子自体が利己的にふるまうことはありません。そもそも遺伝子は物質であり、そこに「意志」などないため、「こうしよう」とか「どうしたい」とかいうことはありません。結果的に、環境に適応して多く繁殖したものが残っていっただけにすぎないのです。ただ、その残っていく原理が「仲間みんなで残っていこう」という原理では動いていないということです。そもそも遺伝子が他者の存在を知覚して、協力しようとか競争しようとかそういうことはありません。また、遺伝子は自分で自分が残ろうと「思って」いるわけでもありません。ある傾向をもった生命体の遺伝子の繁殖率が高いか低いかということだけが問題なのです。たまたま繁殖率、生存率の高かった個体のもつ遺伝子が増えていったのでしょう。したがって、遺伝子が「自分で自己増殖しようとしている」というのは「たとえ」の言い方でしかありません。そのようなたとえの形で語ったほうが、生じている現象の説明がしやすかったというだけです。原理的に（結果的な）自分の繁殖率に従って、遺伝子は再生産されていくため、他の遺伝子の面倒は見ることができません。したがって、一群の生命体の維持、「種の保存」にかかわるような群淘汰の考え方は現在否定されています。

このことを称して「利己的」とネーミングしたからといって、「遺伝子」がわがままであったり、自分勝手であったり、またその遺伝子の乗り物とされる人間が生来自分勝手である、というのは全く論理の飛躍です。

したがって、遺伝子の繁殖という観点から人間行動を見ることが、「人間は倫理的で道徳的なすばらしい価値を有する」とある人たちが主張する人間存在を冒涜しているわけではないと思います。

実際、人間は自分勝手とは限りません。遺伝子の増殖という風景から眺めれば、自己の持つ遺伝子を増殖させていくことが生命的な目的であるとか、遺伝子はその乗り物である生物をコントロールして自己を増殖させるようし向けているなどといったたとえ的な言い方をすることができると思いますが、遺伝子繁殖に有利なように、それを目指して人がふるまうのではなく、そのような行動傾向を持っているとか、あるタイミングである傾向を発現させるような遺伝子が結果的に多く残ったという、論理的順序としては逆のことが生じているのです。それを一見すると、人は自己の遺伝子を最大限残すように「今」ふるまっていると見えてしまうのでしょう。ですから、人間たちの中で、結果的にある行動傾向をとる者が多くなっている現状があったとしても、その効果――遺伝子をたくさん残すことに成功した――を人々が自覚して、意識的にふるまっているのではないことは明らかです。ですから、よく進化心理学の知見を批判する際に、「そんなことを思って生活していない」という素朴な指摘が見られることがありますが、もちろん誰も「意図的にそんなことを思って」日常の生活を営んでいるのではありません。ただ、ある種の傾向（ある場合には人間という種の全員が）を持つことによって、遺伝子の再生産には促進効果を与えている、そんな傾向が人間という生物に備わっているというだけです。

たとえば、人間に限らず多くの動物は毒のある食物を避けます。腐ったものなどはその臭いや味から食べることを避けます。臭いから、まずいから避けるのではなく、進化的にはその逆であって、毒があって、生命の維持によくないものを回避する傾向を持てたものがより繁殖し、仮にそれを好むような個体がいたら食中毒で亡くなってしまうわけで、サバイバルしていく確率は低いものになります。もともと鼻は一つにはそのような悪い食物検知器官として進化してきたシステムであり、鼻によるある種の化学物質の検知によって、それを「体に悪い」と反応する傾向が助長されてきたわけで、毒があるから「臭い」と感じるわけです。ただ、嗅覚にはさまざまな学習効果があることも指摘されています。[☆3]

このように人間が直観的に自分にとって、「良い悪い」と感じる感性には進化的起源や原因があり、このような要因を究極原因とか根本原因と呼びます。人間の基本的な反応にはこのような究極原因に基づく反応が関与しています。何を美しいと感じるか、どのような異性に魅力を感じるか、どのような味の食物を好むかなど、人の「好み」にはそのような究極原因がかかわっています。

社会的な関係ではどうでしょう。前述したように自己の遺伝子の増殖傾向が高まってきた進化的プロセスがあったからといって、人の社会的行動がわがままで自分中心的とは限りません。そもそも人はどのように生命を維持しているのでしょうか。人は群れで生活する社会的な生物です。仲間と協力してくれる仲間たちがいなくて一人きりであれば、生存率はきわめて低くなるでしょう。仲間から排除されるとストレスを感じ、免疫力が低下し、疾病にかかりやすくなります。

したがって、生命の維持という個人的なことを考えても、まわりの人々と仲よく生きていくほうが有利なわけです。円滑に相互交渉を行ない、自己の利益を得るためにも、自分自身が信頼できる誠実な人であったほうがよいわけです。詐欺的な行為を行なえば短期的に利益を得るかもしれませんが、そのような行為は最終的に社会的な制裁を受け、自己の安寧な人生を損なってしまいます。

このように自己の利益という観点から言っても、他者に対して親切にふるまったほうがよいという行動の原理の成立を利己的利他主義といいます。また、相互的に利益を得るために、互いに利他的にふるまったほうがよいという観点から互恵的利他主義という概念化もされてきました。それは、「情けは人のためならず」ということで、利他的に行動したことが巡り巡って自分が必要の際に、他者から自分への利他行動が期待できる、そのように利他主義は広まったという考え方です。

このような互恵的利他主義の反応システムのもとでは、他者に利他行動を返さない、フリーライダーと呼ぶ不届き者の存在が問題となります。社会の中に広まった互恵的な利他行動の根拠を揺るがし、社会的なルールを不安定なものにしてしまうため、そのようなただ乗りの者に対しては制裁行動がとられます。また、ただ乗りだけではなく、誠実にふるまう他者を利用して、それを裏切って自己の利益を上げようとする者が現われることがあります。対人認知システムとして、このような裏切り者の顔が記憶されやすいことを示した研究もあります。☆4

また、社会的に生きながらえるためには、他者から信頼されることが重要であり、それが集団内での「評判」というシステムに反映されます。評判を落とすような悪徳的ふるまいは、ひいては自己の安寧な生存を脅かすわけです。したがって、評判が向上するような道徳的な行為や社会的規範の維持に向けての動因が進化し得るわけです。人は自分が得をしたいと思う一方、他者からも受け入れられたい、好かれたいという社会的な欲求を持ち、それが向社会的行動（援助行動など他者にとってよい行動）を促進する基盤となるわけです。このように現在の人と人との社会的関係を深く理解するのに、進化的な観点は非常に役立ちます。

ただ、人の進化は、環境が現在よりもずっと厳しい自然の中で、人工物が少なく、複雑な社会契約や人間関係が少ない中で生じてきたもので、現在のようにインターネットや日常の経済的取引でグローバルに結ばれたような社会関係の中で進化したのではありません。その当時の、大昔の環境に適合するように進化しているために、現在では不都合のほうが多くなっている性質も見られます。

たとえば、栄養を摂取するのが難しい大昔では、栄養価の高い甘いものなどを発見したら、「とてもおいしい」と感じてたくさん摂取するのは適応的な行動だったでしょう。しかし、現在の先進諸国に見られるように食物が豊富にある状況で、過度に栄養摂取すれば、生活習慣病の罹患率が高まってしまいます。

また、外敵に警戒的で、緊張が必要だった時代には、見知らぬ他部族に対しては、基本的にネガティブに対処することもあったでしょう。少なくとも、他部族（外集団）のメンバーと、自分の所属集団（内集団）のメンバーでは、同じように報償を与える機会があったら、内集団メンバーに有利な配分や対処を行なったでしょう（内集団ひいきの現象[☆5]）。外集団メンバーを内集団のメンバーより悪く、否定的に見て、警戒的な対処をとるという、ステレオタイプ、偏見、差別の根がここに見られたかもしれません。しかし、現在のように多民族国家が形成されたり、外国人労働者が経済的な力になったり、国際的な交渉が日常的に行なわれる状況では、他の民族や人種に関する偏見は、害の多いものになってしまいました。

とっさの反応や直観的対処においてネガティブであったとしても、私たちはそれを意識や意志の力でコントロールしなければなりません。これは、非生物的な対処というわけではありません。何よりも私たち人間は、「意識」というシステムも進化プロセスによって発展させてきた生物であり、意識システムによって正当に反応を統御する力を獲得しているわけです。十分このような意識や意志のシステムを活用して、人々が暮らしやすい共生社会へと向けて、社会関係やルールを調整していくことができるのも人間の特質であるわけで、これを見失ってはいけません。自然な（デフォルトの）反応様式であるから、「正しく」て承認されるのだという考え方を採ることはできないのです。自動的な反応傾向を統御する力を持ったのも自然による進化の一つの帰結ですし、あるいはそうでなくても、多くの人々の安寧を考えることが、優先とされるべき社会に現代人は生きているので、自然な反応を調整することが正しければそれをためらう必要はないでしょう。そして、いかに不適切な自然な反応を統御するかの洞察を得て、適切な対処の仕方を考案するためには、「自然な反応」が何であるかを知ることは役立ちます。コントロールの相手を知らずして、有効なコントロールはできませんし、ただ理想をくり返し語り、「よい心がけ」を素朴に期待するよりも、どうしたら有効な対処が社会的に可能か、その契約やルールづくりも視野に入れて、対処の仕方を共同で考案して、合意された対処を実施していくことも非常に有効な道筋でしょう。

進化的に形成された人間のデフォルト反応を知ることと、それを「だから正しい」と承認することは社会的に全く別物です。その点を十分心得ていれば、進化的視点からの研究に、偏見を抱いたり、誤解に基づく批判を投げかけずに済むのではないでしょうか。

# 8章 推測すること

## 1 確率と直観

産婦人科病院で子どもが生まれます。男の子と女の子が生まれるとすると、毎月、毎月、ぴったり半々の数で生まれてくるわけではありません。そこで、どの程度、たまたま偏りが生じるか考えてみます。毎日45人の子どもが生まれるある大きな病院Aと、毎日15人の子どもが生まれるそれより小さな病院Bがあったとして、性別の出生割合で男子が60％を越えた日を年間にわたって記録していったとしたら、どちらの病院のほうがその日数が多いと思いますか？

・Aの病院　・Bの病院　・どちらも同程度

ツバスキーとカーネマン☆1がこの問題を大学生に回答してもらったところ、およそ56％の人がど

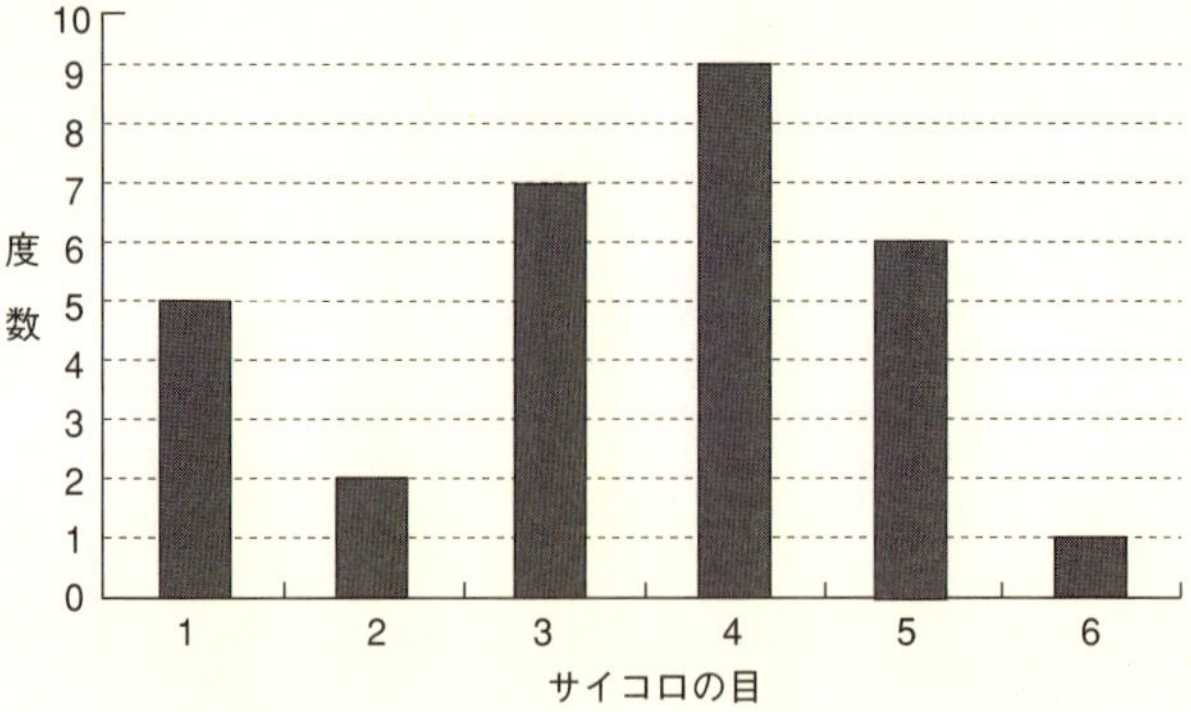


● 図 8-1　サイコロを 30 回振ったときの分布例

ちらも同程度と回答し、22％ずつの人たちがそれぞれ、大きな病院、小さな病院と回答しました。どうでしょうか？

サイコロを30回振ってみます。その結果をグラフにしたのが図8－1です。偏っています。それぞれの目の出る確率は6分の1ですが、すべてのサイコロの目がそれに従って、30×6分の1＝5回ずつ出るということにはなりません。なぜでしょうか。それは、確率というのは、大局的なものであって、十分多くの回数で試したときには、その確率に従った数に近づくというものだからです。30回サイコロを振ったところで、ちょうどうまい具合に5回ずつ出るとは限りません。ですが、3千回振れば、それぞれの目はかなり500回に近い出方になるものと思われます。

サイコロの話で横道にそれましたが、病院の話でも同じです。仮に出産の割合が男女五分五分だとしても、15人という少ない数では必ずしも均等にならないことも多いのです。しかし、45人というようにそれより少し大きな数になれば（十分に大きな数ではないものの）、前よりはより五分五分に近づくわけです。ですから、男子の出産が60％を越えるといった偏りは大病院Aのほうが起こりにくくなるのです。偏りが生じやすいのは小病院Bのほうなのです。確率や頻度が法則によって計算された通りの統計的な数値に近づくには十分大きな数でなければなりません。これを「大数の法則」と言います。一般の人は、大数の法則をよく知らず、少ない回数でも確率が守られるべきだと思いがちです。ですから、10回くらいサイコロを振って、全く1の目が出ないと、「おかしいな、そろそろ1が出るはずだ」などど思ってしまうかもしれません。サイコロではもちろん、「前に何の目が出たか」は、今から振る目の出方に何の影響も与えませんので、「そろそろ出るはず」といったことはあり得ません。単に、3千回ぐらい振れば、1の目も500回ぐらい出るものだということにすぎず、今振る目がどうなるかなんて全くわかりません。しばしば直観的にありそうだと思ってしまうことと、実際の確率の法則は違っていることがあります。ですから数量を扱う心理学研究では、確率の正確な考え方を心得ておく必要があるわけです。

## 2　分散――散らばり

何かの法則をつかもうと思ったら、ある程度の回数や度数を試みなければならないわけですが、どの程度の回数をこなしたらよいかは、知りたいことの計画やその研究の方法によって決まってきます。いつも3千回が必要とは限りません。病院とサイコロの例でわかったのは、数が多くなると数値は揃ってきて大きな散らばりが減るということです。この散らばりというのは重要な要素です。これを分散と呼びます。サイコロを30回振った場合、平均値の5回に対して、各目の出方はまちまちで分散は大です。しかし、3千回では、六つの目の出方のばらつきは小さくなっています。みんなだいたい同じということです。

この分散の程度がわかっていれば、何かの違い、たとえば男女の差が、たまたまの散らばりによるものか、偶然の分散を越えたもっと大きな男女の違いを表わしているのか査定できるわけです。ですから、データの絶対的な差というよりもそのデータの全体的な数から考えて、十分違いが見られるかどうかを査定するわけです。逆に言えば、男女の差を推定するということは、もとの集団（母集団と言います）において、成年男性全員と成年女性全員について、違いがあるかどうかということが問題なので、部分的に取ってきたデータ（サンプルと言います）から、遡ってどの程度正確に母集団の様子が推定できるかということによって変わってくるわけです。サンプルが大きければ、それだけより正確に母集団の平均などが推定できるので、サンプルで実際に見られた差（たとえば、国語のテストの得点の男女差など）が相対的に小さくても、男女差を認定することが可能です。しかし、サンプルが小さければ、母集団の推定のぶれも大きくなるので、サンプルで実際に見られた結果の差が、よほど大きくないと母集団でも差があるということは言えません。どちらがよいのでしょうか？　一見サンプルが多いほうがよいように思われます。それは、正確に母集団の平均などを推定したい場合ですね。何割の人がこの政策を支持しているか、世論調査をする場合には、その意見の支持の割合を正確に知りたいのであれば、たくさんのサンプルがあったほうがよいということになります。

しかし、心理学的な差を、もっぱら「差」「違い」があるかどうかについて知りたいのであれば、大きなサンプルをとって初めてかろうじて認定できるような母集団の差よりも、小さいサンプルでも見えてしまうようなおおざっぱで「大きい差」のほうが日常的な意味では強力だということに気づくでしょう。もちろん、母集団での値を正確に知るために、大きな差を大きなサンプルで確認して、母集団における差の量を正確に推定するということもいいでしょう。ただ、心理学で測る値自体の絶対的な意味はさしてないことも多いのです。たとえば、言語的な処理が男性より女性のほうが得意かどうかを調べるとすれば、国語的なテストを作るわけですが、作成した問題によって、難易があり、テストの点が高いときも低いときもあります。そのテストで、正確に母集団の女性の平均点が必要な情報でしょうか？　そんな値はテストが変わってしまえば、変化することですから、必要以上に絶対的な数値をありがたがる必要はありません。むしろ、難しいテストでも前よりちょっと易しいテストでもいつでも男女の差が生じていれば、その「違いがある」という事実こそが重要なポイントです。

ですから、サンプルが比較的少ないということは悪いことではないのです。むしろ、誤差が多くなってしまう程度を正しく認識していさえすれば、通常の散らばり具合を越えてしまうような莫大な差が見つかった場合のほうが、明確で大きな差、日常生活でも目立つような違いがあるのだろうと考えられるわけです。経済学や社会調査などを知っている人はかえって、大きなサンプルをありがたがる癖がついているので、ここはよく知っておく必要があります。人間の反応の違いは小さなサンプルでも見つけることができるし、小さなサンプルでさえ見つかるような違いこそ、大きな違いなのだということです。

## 3 t検定

このような集団による反応の違いを認定するのに、t検定という統計的検定がよく用いられます。t値の絶対値（マイナスであれば、プラスに変換した値）が大きいほど、差が認定できるわけですが、t値を計算する分子は、サンプルでの二つの集団の値の差（平均値の差）です。もちろん大きいほうがt値は大きくなり、差が認定されやすくなります。分母は散らばりに相当するものです。そして、nはサンプルの大きさ、データの数に当たります。データが大きいほど、分母は小さくなるため、t値自体は大きくなって差が認定されやすくなります。ですから、たとえ分子の差が微少で、日常生活では問題にならないような小さなものであっても、もしもnが1万人といったように大きければ、t値はその結果、大きくなってしまって（分母が小さな小数になってしまう）、差が認定できます。ちょっと悪く言えば、それはずるいことです。サンプルが少なければ、分母は相対的に大きく、つまり散らばりが大きく、t値は小さくなりがちなので差が現われにくくなります。20人程度のサンプルであれば、t値の必要とされる敷居の値自体も高くなるため、1・73以上の値でないと、差があるとは言いません。ところが、それでも、2以上のtの値が得られたとしたら、よほど分子である両集団の平均値の差が大きかったからでしょう。このように統計的検定では、差を認定できる敷居の値があり、これを越えれば、5％レベルで有意な差などと言って、心理学の論文では差のあることにされます。5％レベル、1％レベルなどというのは間違いのレベル（危険率、有意水準とも言う）の少なさを現わし、1％より、0・1％と間違う確率が下がれば下がるほど歓迎されて、まるで「差」自体がこの有意水準によって大きなものとなったかのように錯覚する場合がありますが、もちろんそれは勘違いです。この有意水準の高さと差の大きさは必ずしも対応しません。サンプルのサイズによるわけです。

そこで、この有意水準の意味と統計的検定の推論のからくりをもう少し見てみましょう。

この二つの平均値の差の検定では、もしも二つの平均値に全く差がなかったらどうかという逆の仮定から出発します。これを検定仮説と呼びます。もしも差を検出したいのであれば、これは、否定されてほしい仮説ですね。あえてこの望まない検定仮説をまず設定するわけです。二つの集団にはこの平均値について全く差がないとします。すると、そのとき、式1のt値は、図8－2のようなt分布に従うことになります。厳密には分布の形はサンプルの人数にもよりますし、

$$t = \frac{X_1 - X_2}{\sqrt{\dfrac{n_1 S_1^2 + n_2 S_2^2}{n_1 + n_2 - 2} \times \dfrac{n_1 + n_2}{n_1 n_2}}}$$

●式1

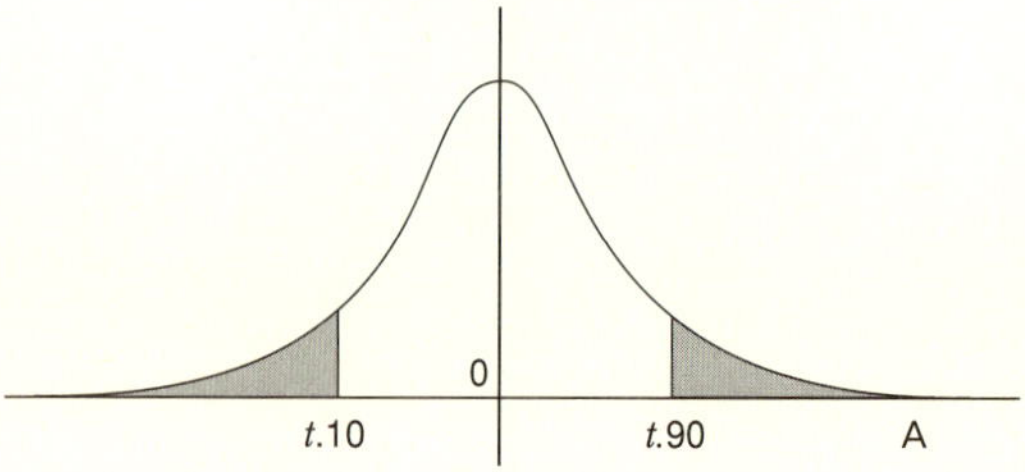


●図 8-2　t 分布を表わすグラフ

途中経過は省きますが、これは数学的な計算の結果もたらされることです。ですから、ここまでの途中プロセスで間違いが入り込む余地はありません。t分布のy軸（タテの値）は、その値をとる可能性の多さを表わしていますから、0周辺が最も多い値で、0を離れた値は通常取られにくいものであることがわかります。二つの平均値に差がないと仮定しているため、とってきたサンプルでも$X_1$と$X_2$の差は0に近いというわけです。大きなテストの得点が従う正規分布というものでもそうですが、平均点のまわりの人数が多く、極端に高得点とか極端に低い得点の人の人数は少ないのが普通です。本当に二つの平均値の間に差がなければ、tの値は0から極端に離れて大きくなったり、小さくなったりしないはずです。ところが、サンプルが20人として、ここで、tの値が、3・00だったとしましょう。先ほども示した1・73を越えています。図8－2のA地点ですね。こんなはずれのほうの値をとる可能性は低いわけです。それはタテの低さでわかります。これ以上の大きい値をとる全部の可能性を加えてみても、グラフ全体の面積（曲線とx軸にはさまれた間の平面の面積）に比べて微々たる割合です。この割合が有意水準と言われるものです。実は、1・73というのは、その割合がちょうど5％の地点であるわけです。そんな値以上になる可能性・確率は5％しかないというわけですね。実際、3・00以上の値をとる確率は0・8％しかありません。そんなことは起こらないことが普通だとこの検定作業では考えます。そこで、これをもって、あり得ないことが起こったとして、この矛盾の責任を考えてみるわけです。すると、途中経過までは数学的な計算ですから、矛盾は見つかりません。そこで、遡って、一番最初に二つの集団の平均値には差がないと考えた検定仮説が問題になります。他にどこにもおかしいところがなければ、あり得ない結果が生じた原因はこの検定仮説にあると考えるわけです。すなわち、この検定仮説が不当なものだったので、こんなことになったと考えるわけです。そこで、検定仮説が間違っていたのだとして、改訂を迫るわけです。これが、「検定仮説の棄却」と呼ばれる手続きです。こうして、検定仮説が間違っていることが証明されるので、二つの集団の間には「差がないということはない」――すなわち差があることが認定されるわけです。このように否定されることが最終的な目的で間違った仮説を一旦設定し、矛盾が生じることからその仮説を否定する論理の進め方を背理法と呼びます。

しかし、以上の論理はいつでもパーフェクトでないことは明らかです。t値がずいぶん大きい値になってしまったので、これを「あり得ない」と判断したために、このような推論の流れになってしまったわけですが、あり得ないと言っても本当にあり得ないわけではなく、1%すなわち100回に1回は起こり得ることです。とりわけ、5%なんていうような水準の場合には、20回に1回起こりますから、結構生じるかもしれませんね。そうすると、このt値があり得ないと判断したこと自体がミスかもしれません。5%の確率でミスが生じるわけです。ですから、この推論自体、間違いの可能性が5%あるという限定つきのものです。この5%のことを「危険率」「有意水準」と呼んでいます。ようやく最初のところにたどり着きました。心理学の文献などで、5%有意、1%有意などと書いてあることの意味がわかっていただけたでしょうか。これは、推論の間違いの確率を提示しているものなので、「そうはいってもこの結論がたまたま違っている危険性は1%ありますよ」ということを示しているわけです。「とりあえず、確率は小さいので、差があったということをふまえて議論を進めていきましょうね」ということを表わしているのです。

## 4 分散分析

二つの集団で比べるには、平均値差のt検定を行なえばよかったのですが、三つ以上になったらどうしたらいいでしょうか。二つずつ組み合わせてt検定をくり返していくのも一つの方法です。しかし、それでは数が多くなるとたいへんですし、危険率の観点から言えばまずいことが起こります。たとえば、職業別に年収の比較をしたとしましょう。大企業の会社員、従業員数500人程度の中企業の会社員、小企業の会社員、経営者、自営業者、医師、弁護士の七つの職種の人たちを比較すると、二つずつの組み合わせは、7×6÷2＝21通りできます。どれにも5%、つまり20回に1回誤りが出現する確率で臨むならば、21回検定を行なえば、1回くらいの誤りが十分生じ得るでしょう。厳密には、0・95の21乗が第一種の誤り（これまで言っていた危険率）が生じない確率で、この0・341を1から引いた0・659がこの21回の検定で第一種の誤りが生じる確率です。この大きさのｔの値が現われる確率は、65・9%となり、どちらかと言えば現われるほうが多くなり、これではどうしようもないでしょう。調節が必要なのです。それ以前に、いちいち二つの組み合わせをつくって検討すること自体、あまり効率的ではありません。分散分析は観点を変えて、グループ化することが（この場合七つの職種に分けること）有意味な知見を提供し得るかどうかを検討する検定を行ないます。すなわち、このとき、「グループに分けたことは何の意味ももたず、どのグループの年収（一般的には従属変数として測定される値）もグループにかかわらず同じだ」という（本当は望まない、否定をしたい）検定仮説を設定して、計算の末、矛盾を引き出すという前述した背理法に基づく検定を行なうわけです。異なるのは計算の主役が分散だということです。

分散は散らばりを表わします。まず平均を算出して、次に一つひとつのデータがどれだけ平均

$$s^2=\frac{1}{n}\{(x_1-m)^2+(x_2-m)^2+(x_3-m)^2+\cdot\cdot\cdot\cdot+(x_n-m)^2\}$$

$$SD=s=\sqrt{s^2}$$

●式2

値と隔たっているかの差をとります。この差を2乗（平方）して、全部加えたものが平方和（Sum of Square: SS）で、大きいほうが散らばりが大きいというわけで変動と呼んでおきます。平方するのはすべての値をプラス（正）の値にして合計するためです。プラスとマイナスが混ざってしまうと相殺されて、ただ足すだけでは合計が0に戻ってしまいます。

この平方和＝変動は、大きいほうが散らばりの大きいことを示しますが、データ全体の（一つひとつの）平均からの差の平方の合計なので、データの数が多ければ多いほど大きな値になってしまいます。本来調べたいことと違ってしまいます。ですから、分散では、この平方和をデータの数で割り算します（式2）。ただしサンプルの計算で通常用いられる不偏分散の場合にはｎ－１で割ります。

上の式の分散$s^2$は、平方した数を基に足し合わせた値ですから、次元を戻して、意味的に扱いやすくするために、平方根にすることがあります。下の式のように、平方根にした値ＳＤが標準偏差です。さて、このような散らばり具合の指標－分散やＳＤを算出するにしても、実験計画として、想定した散らばりと想定外の散らばりに分かれます。想定した散らばり－期待すべき散らばりというのは、この場合、職業ごとによる年収の違いが、図８－３に示した仮想的なデータのように職業によってばらばらになっていれば、それは期待した散らばりなわけです。職業で分けた

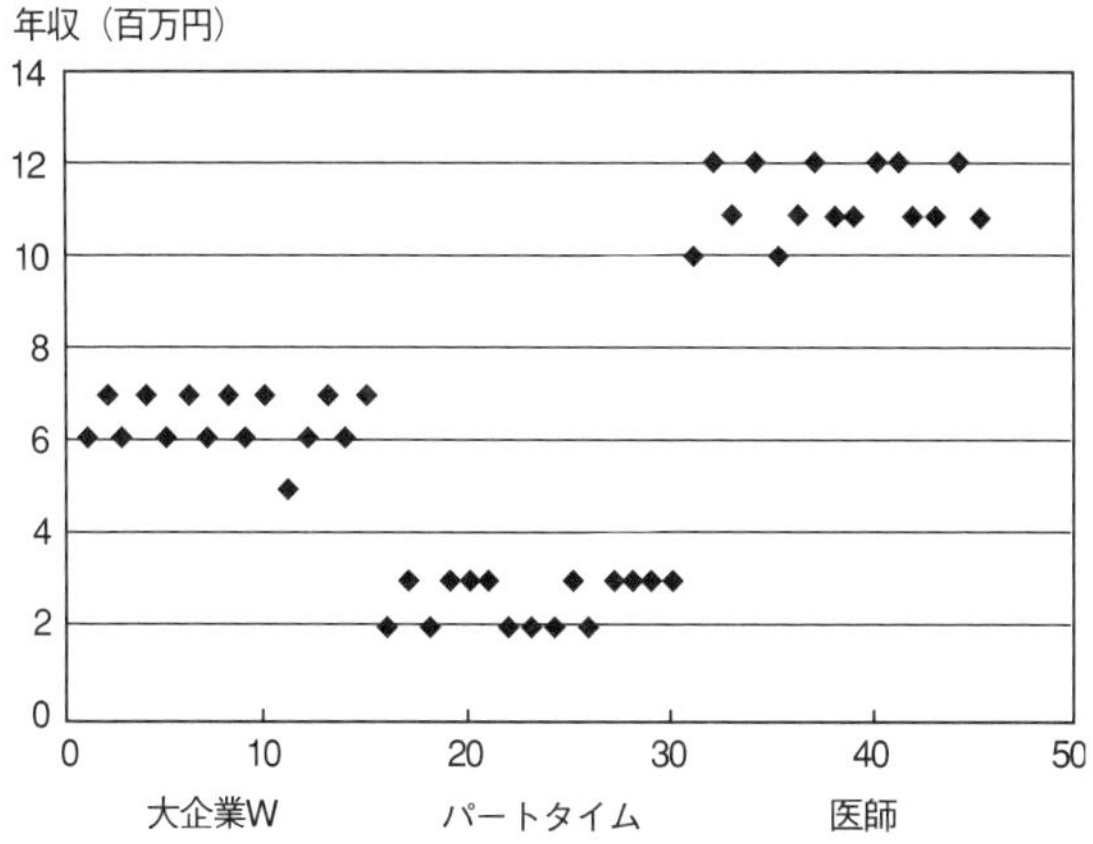


● 図 8-3　職業によって年収に違いが見られるケース

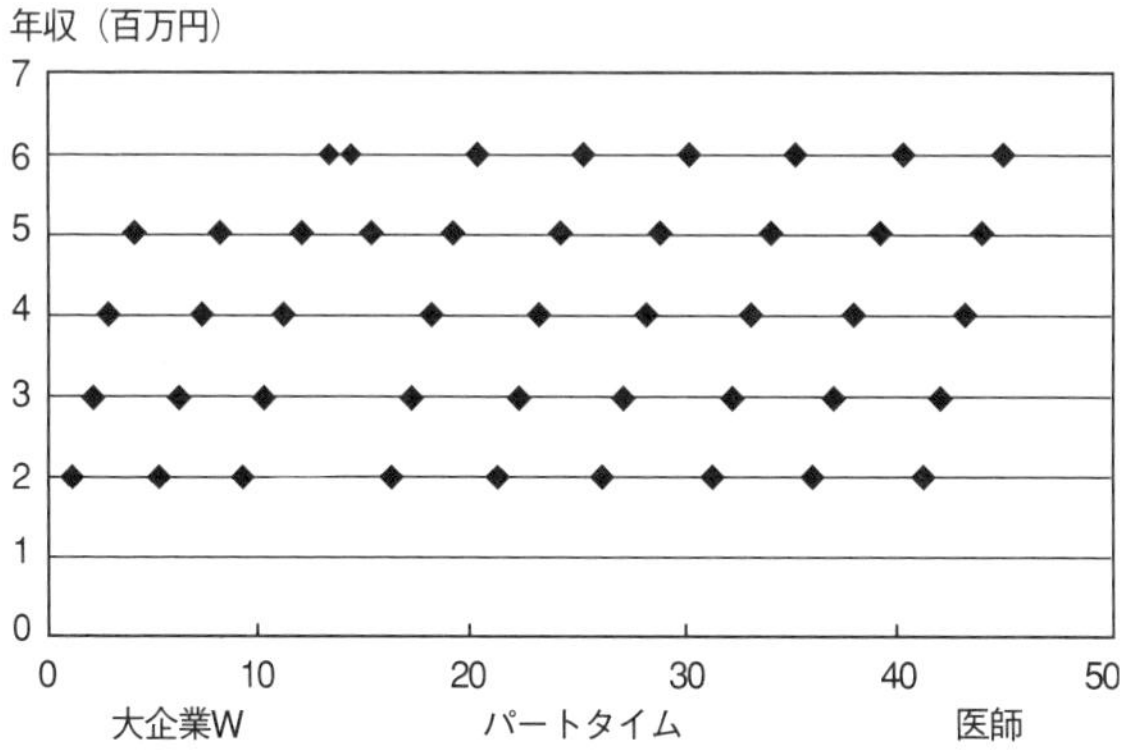


● 図 8-4　職業によって年収に違いがないケース

ことに意味があります。なぜなら、ある人の職業がわかったときのほうが、わからないときよりも、その人の年収を近い値で当てやすくなるからです。これを予測力が高まると言います。

もし図8－4のように、どの職業でもほぼ同じだったら、どうでしょう。ある人の職業を知ることはその人の年収を予測するうえで何の役にも立ちません。有効な変数と言えないわけです。つまり年収を規定する意味のある要因になっていないというわけですね。

このようにグループ分けした際の、そのグループ間の比較では、グループによって散らばりがあったほうがないよりも、グループに分けた意味があるというものです。つまり、グループ間の変動は大きいほうがいいということです。これを群間変動といいます。

それに対して、グループに分けても、同じグループ内でも普通はさまざまな違いがあるでしょう。年収のすごく高い自営業者もいれば、経営が苦しい人もいるでしょう。これが、グループ内の散らばり、群内変動です。分析のうえでは、グループ化が最も有効なのは、群間の変動だけがあって、群内では皆同じという場合です。群内変動は小さいほどよくて、群間の変動が大きければいいわけです。そこで、群間変動と群内変動を比較するために、ここでは引き算ではなく、計算の都合から割り算を行ないます。群間変動÷群内変動です。その前に、データの数による大きさの調整を行なうために、分散に当たるような計算、実際にはデータの数より一つ少ない自由度というもので変動を割って、およそ一つ当たりについての散らばりに変換しておいてから（これを平均平方和、MSと呼びます）、群間の平均平方和÷群内の平均平方和という計算をして、これが1より大きければ、群間の散らばりのほうが、群内の散らばりよりも大きいという理屈になります。そして、この割り算した値をF値と呼び、グループ分けが全く効果のないものであるという検定仮説の下では、このFは、F分布に従うことが知られています。

先と同様に、F分布上に算出したF値を置いてみたとき、「こんな大きな値は普通出てこない」というように出現確率がきわめて小さい（5％未満）場合に、有意に群間の散らばりは大きかった（たとえば、職業による年収の違いは大きかった）、つまり、グループ化した「要因の効果は有意だった」と述べます。F分布は群間と群内の二つの自由度の組み合わせによって確かな形状が決まるので、統計のテキストの付録には、自由度ごとのF値が記載されています。記載されているF値の限界の値と自分の算出したF値を比べてみて、大きいようだったら有意な効果が得られたということです。

## 5 実験の計画の仕方

このような推測が有効に働くためには、グループ分けが調べたい要因に基づいてきちんと分かれているだけで、他の原因に基づいていないことが必要です。たとえば、思春期の女子はダイエットしたり、摂食のコントロールを行ないがちです。実験の合間につまめるようにお菓子をテーブルに置いておけば、男子より女子の実験参加者のほうが摂食量が少ないという仮説を検討しようとした場合、男子はいつもおなかのすいているおやつ時分に実験して、女子は皆お昼直後に実験していたのでは、摂食量の少なさが性差によるものなのか、実験の時間帯による効果なのかわからなくなります。これを要因の交絡と言います。

三つにグループ分けした際に、三つのグループで、検討したい要因以外に能力が異なったり、心理的な性質が異なったりすると要因が交絡して結果がうまく解釈できなくなります。したがって、実験計画で重要なことは、要因配置の際に、その要因だけが異なるように実験群を設定して、他の要素が群間で全く同じになるようにできるだけ他の要因を「統制」するということです。

完全に統制することは事実上困難なので、よく用いられる手法は、実験参加者がどの群に属して実験を受けるか、その配分をランダムにすることです。これをランダム配置と呼びます。実験計画段階では、このように、要因の配置の仕方に気をつけますが、その論理は実験計画法という統計法に基づいています。ランダム配置は一つの手法であって、実験によって異なってくる他の要因がある場合に、連動が生じないように計画的に配置を行なわなければなりません。ある要因だけ数が多いというのではなく、各条件が別の条件について同数ずつ持っていることが最も望ましい状態です。

たとえば印象形成の実験で、刺激の一般性を高めるために、3種類のターゲット人物についてのシナリオを用意した場合、その際、そのターゲット人物を「(A)個人として見る」「(B)自分の属する内集団メンバーの1人としてみる」「(C)自分の属さない外集団メンバーの1人と

● 表 8-1　実験条件とその実験参加者が読むシナリオ

| A条件 | B条件 | C条件 |
|---|---|---|
| シナリオ1 | シナリオ1 | シナリオ1 |
| シナリオ1 | シナリオ1 | シナリオ1 |
| シナリオ1 | シナリオ1 | シナリオ1 |
| シナリオ1 | シナリオ1 | シナリオ1 |
| シナリオ1 | シナリオ1 | シナリオ1 |
| シナリオ1 | シナリオ1 | シナリオ1 |
| シナリオ2 | シナリオ2 | シナリオ2 |
| シナリオ2 | シナリオ2 | シナリオ2 |
| シナリオ2 | シナリオ2 | シナリオ2 |
| シナリオ2 | シナリオ2 | シナリオ2 |
| シナリオ2 | シナリオ2 | シナリオ2 |
| シナリオ2 | シナリオ2 | シナリオ2 |
| シナリオ3 | シナリオ3 | シナリオ3 |
| シナリオ3 | シナリオ3 | シナリオ3 |
| シナリオ3 | シナリオ3 | シナリオ3 |
| シナリオ3 | シナリオ3 | シナリオ3 |
| シナリオ3 | シナリオ3 | シナリオ3 |
| シナリオ3 | シナリオ3 | シナリオ3 |

して見る」という3水準が、「視点」という要因として用意されていたら、A条件でシナリオ1番を読む参加者、A条件でシナリオ2番を読む参加者、A条件でシナリオ3番を読む参加者がいて、その同数ずつやはり、B条件でシナリオ1番を読む参加者、B条件でシナリオ2番を読む参加者、B条件でシナリオ3番を読む参加者、さらに、C条件でシナリオ1番を読む参加者、C条件でシナリオ2番を読む参加者、C条件でシナリオ3番を読む参加者が必要です（表8－1）。このような場合、シナリオは参加者間要因といいます。同じ実験参加者が複数のシナリオを読むのではなく、シナリオ1しか読ま

ない人、シナリオ2しか読まない人というように、シナリオが変われば別の実験参加者になっているからです。

これを性別で考えた場合、たとえばA条件では女性が多く、B条件では男性が多いというような実験において、A条件とB条件の差が現われても、実験条件による効果なのか、性別の違いが何か影響を及ぼしているのかわからなくなります。

条件によって実験参加者が異なるのではなく、1人の実験参加者が経験する複数の要因があった場合に、これを参加者内要因と言います。たとえば、「(A) 自分にあてはまるかどうかの判断」と「(B) 自分の親しい友人にあてはまるかどうかの判断」「(C) 日本の首相にあてはまるかどうかの判断」の3種類の判断があって、特性語群（あたたかい、自信のある、きちんとした、など）がX、Y、Zの3種類あったとしたら、ある実験参加者では、語群XがAの判断と組み合わされ、語群YがBの判断と組み合わされ、語群ZがCの判断と組み合わされたりします。1人の実験参加者は、A、B、Cすべての判断をしますし、語群も結局、X、Y、Zの全部に遭遇することになります。このような場合、判断の種類も特性語の種類も二つの要因ともに被験者内要因となっています。ちなみに、従属変数としては、すべての判断終了後に特性語を思い出して書いてもらい、いくつ再生ができたかを数えるというものです。判断の種類によって思い出せる数が違うかどうかを検討します。

このような実験の際に注意しなくてはならないのは、判断の種類と語群が決まった結びつきにならないようにすることです。たとえば、Aの判断はいつも語群Xに対して行なうというように、Aの判断でXが結びついてしまっているとどうでしょうか。再生した数を調べてみて、もしもAの判断をした語で思い出せた語が多かったとしても、それは自分にあてはまるかどうかを判断したために再生が多かったのではなく、もともと語群Xが覚えやすい単語が多かったのではないかと疑問が差し挟まれてしまって、きちんと抗弁できないことになります。

こういった状況を避けるためには、判断の種類と語群がいつも同じ結びつきにならないように、それを体系だって、実験参加者によって変えていくことが必要です。そこで、表8－2のように、Aの判断がXと組み合わされている実験参加者や、Aの判断がYと組み合わされている参加者、Aの判断がZと組み合わされている参加者が同数ずついるとよいことになります。語群Xから見た場合にも、語群XがAの判断と結びついている参加者、Bの判断と結びついている参加者、Cの判断と結びついている参加者が同数になります。6人では参加者が少ないので、この組み合わせをそのまま2倍、3倍するように参加者をあてはめていけばよいわけです。

このような実験計画法をカウンターバランスと呼びます。カウンターバランスすることで、その語群が特に覚えやすい語が多かったために再生が多かったのだというような解釈の可能性をなくして、（C）→（A）の判断に向かって、より精緻な処理が処理機構の中で行なわれていたために記憶が促進されたのだという推論を確からしいものとします（ちなみに、この実験の示す効果を、自己関連づけ効果と呼び、自分に関連づけた処理を施した対象のほうが、よく記憶される

● 表8-2　カウンターバランスの例

【参加者】

| | | | |
|---|---|---|---|
| No. 1 | A-X | B-Y | C-Z |
| No. 2 | A-X | B-Z | C-Y |
| No. 3 | A-Y | B-X | C-Z |
| No. 4 | A-Y | B-Z | C-X |
| No. 5 | A-Z | B-X | C-Y |
| No. 6 | A-Z | B-Y | C-X |

【語群の内容の例】

| X群 | Y群 | Z群 |
|---|---|---|
| 元気な | 適当な | てきぱきした |
| 温厚な | 親身な | さわやかな |
| 気弱な | 几帳面な | 不決断な |
| 親しみやすい | 憎らしい | 敏感な |
| 引っ込み思案な | 思いやりのある | 自信のある |
| 寛大な | 自立的な | 短気な |
| やさしい | 楽しい | 明るい |
| 真面目な | 活発な | 気さくな |
| 表裏のない | しっかりした | 積極的な |
| 丁寧な | 社交的な | 冷静な |
| ずる賢い | 心の狭い | わがままな |
| 意地悪な | 冷たい | 愚かな |

という記憶研究の知見を示しています）。

実験や調査を行なって量的なデータを収集する方法では、単にどういう考えの人がどれくらいいるとか、何%の人がどう回答するかということではなく、できるだけあらかじめモデルを作成し、各変数がどのように関連しあうか、どういうケースでどういう条件があれば、どのような回答や行動などの反応が生じるのかという考え方のもとに、それをデータによって検証したり、修正したり、あるいは関連性を探索していったりすることが行なわれます。実験においては、想定する要因の効果が生じるのかどうか、なるべく確実に検討が行なえるように、無関連の要因を統制したり、慎重なランダム配置によって、他の説明可能性を排除したり、そのような工夫のうえにはじめて、確からしい推測をつくりあげることができるわけです。統計の学習は、心理学科の学生の嘆き所のようですが、そのエッセンスをきちんと理解していくことで、卒業論文などで数量的研究を行なう際、大きな助けになる有力な思考ツールを獲得していくことができるのです。

# 9章 再び、信じること

## 1 客観的真実とは

8章の統計の知識などを用いて、調査や実験で得られたデータを分析して、二つの集団に差が見られたことなどから科学的な推論を行ないます。そこでは、科学的な手続きに則って得られたデータから科学的真実と呼ばれるものを語るわけです。しかし、真実とは何でしょうか。

真実には真実らしい程度があります。それは共有性の確からしさについての違いによります。コップには大きさがあります。コップの高さを測りましょう。14cmあったとします。これはどういう意味でしょうか。庭のユーカリの木の高さを測ったら1mでした。木は別に1mになろうと思って生えているわけではありません。1mはなぜ1mか。それは1m原器があるからです。みんなで1mとはこういう長さだという基準を決めたからです。世界にもともと1mなるものがあったわけではありません。１m原器に照らし合わせて、それをもとにして制作されている定規や巻き尺で長さを測っているのです。しかし、現象学的に言えば、目の前の木が本当に実在するかどうかは確かなものではありません。それは、自分の主観としては、木があることが感じられる、そういったものです。しかし、すべてのものが突き詰めれば、存在が不確かで、真実は主観だけが残るというのは、事実かもしれませんが、あまり意味のないことです。世界で一人きりで生きているわけではないので、「どうやら共有できそうだ」という程度を持った判断を持ち込むことができます。これまでの経験から、木の高さなど、「確かな感じで」自分の目に見えていると主観的に思っている物質については、たいてい他の人の目にも見えていて、他の人が巻き尺で測ってもやっぱり１mで若干の誤差があっても日常の用途から言えば大したことではありません。この経験の連鎖、積み重ねによって、私たちは「どうやら物質的な世界があるらしい」と思っています。それは、人間から見える事実っぽいものです。もっと光の処理に精密な生物がいれば、木なんかすきまだらけのすかすかなものに見えるかもしれません。赤外線や紫外線が見えれば、見える色なんてまるっきり違うかもしれません。私たちが日常的に真実としていることは、この「人間型」の多くによって共有されているらしいことにかかわって認められていることなのです。そういう意味では人間抜きの客観的世界に唯一の真実の形態が実在としてあるということは考えられません。「見え方」やそれに伴う物質の形態は、人間という大きさや視覚機構、触覚機構を備えた生物にとって、外的世界をどう表現したら互いに便利か、という観点から成り立ってきたものです。それは互いに便利な慣習を含んだものなので、文化、言語によって、雪の命名が細やかであったりするように、ものの切り分け、分類の様相が異なったりすることもあります。

しかし、このような人間の主観に過ぎないという点を過大に強調する必要はありません。社会的に存在している技術加工物などを開発したり、検討したりするには、人間の視点を含んでいるという前提条件さえ意識しておけば、先に進むことができるからです。物質的な世界の認識については1m原器のように適切な基準さえ共有すれば、その共有された世界において、支障なく事を進めることができます。基準に基づいて、誤差を含みながらも心拍や皮膚電位を測定することが可能です。また、一人ひとりの主観的な解釈や反応であることさえわかっていれば、質問紙の回答を用いて研究することもできます。誤差は多少大きくても、人による質問文の多様な解釈についても、回答の選択肢の使い方についての個人差や同じ人のその時どきによる気まぐれな違いについても、おおざっぱに誤差として処理することができます。特に、変化量について扱う場合には、同じような複数回の反応について、明瞭な大きな差が見られた場合には、その意味をつかみ出すことが可能であり、またそれは有効なことです。

しかし、それでも、社会的、文化的な意味合いで成り立っていることがら、たとえば「愛他性」などを扱うとなると難しい点もいろいろ残ります。3章で述べたように、心理学的な仮説構成概念（44頁参照）というものはたいていそうですが、目に見えません。これ自体、別に研究不能となるような困難な問題ではありません。気圧も電位も見えませんし、それらもやはり人間が構成した概念なのです。適切な観察時点を特定して、適切な基準を設ければよいわけです。しかし、愛他心の強い人、弱い人をどういう基準で分けるか、これが愛他的な行動かどうか、どうやって知るのでしょうか。駅でサイフを落として困っている人がいて、切符を買うお金をあげました。自分が損をして、それは取り戻しようもないのに人のために援助をしたのです。ですからこれは愛他的行動でしょうか。自分は全く得をしていないのでしょうか。人を助けたという精神的満足を得ているかもしれませんし、よく人を助けるという自分の行動についての記憶や自己認識が自分の自尊心を高め、他の行動にもよい影響を及ぼしたり、人生の満足感を高め、有能観を高め、何らかの成功を導いているかもしれません。普段の良心的な態度は、人望となり、他者からの評価を上げます。それはとりもなおさず、自分の社会的適応感を向上させます。駅でお金を渡したとき、それらのことに全く気づいていないのでしょうか？

——よき自分。それは自分から見ても友だちや他人から見ても、よき自分を保つこと——これを一つの人生課題としていれば、人に親切な行動をとるのは、本当にその相手のことを親身になって考え、いろいろと想像し、同情して、行動しているのではなく、自分の自己イメージを保つ、いつものお決まりパターンの行動を機械的に反復しているだけの援助行動なのかもしれません。駅前の募金に応じる場合も、募金の使われ方、その援助の対象について詳しく知るよりも、「募金行動を行なった満足感」だけで十分と思っている人もいるかもしれません。また、世界で困っている人たちを助けることは自分に全くつながりのないことではなく、世界レベルでの安定を向上させることは、日本に住む自分の日常生活の安定とも構造的につながっていることです。愛他行動が、「自分が得もしないのに、他者を利することと」と定義した場合、どういうレベルで、「自分の得」があるのか、その水準を定義しないことには、区分ができなくなってしまいます。そのうえ、どの水準の得かを決めたとしてもやはり当該の行動がどう解釈されるかの共有可能性が低いと不都合が生じます。

「愛他行動を行なう人のほうが、そうでない人よりも魅力が高い」という仮説を検討する卒業論文作成のために、駅前を観察していたとすればどうでしょうか。本人にとっては、「人のため」という明らかに愛他行動だったとしても、まわりの目からは明らかにずるい詐欺師が、サイフを落としたと偽って、小銭をせびっているように見えるかもしれません。その状況で、その人にお金を渡すことは他の人からは、「だまされやすいバカ者」に見えるだけかもしれませんし、そのため、あまり「魅力値」は上がらないかもしれません。ある行動が他者の目や複数の目からどう見えるかということが問題になるケースでは典型的だと思いますが、それをどうネーミングするかは社会的な合意の問題となります。とりわけ難しいのは行為者の意図を定義に含み込んだような場合、それがどの程度、意識化された意図であるかが必ず問題になります。これまで、各章で見てきたように人は意識と関係ないレベルでさまざまな行動選択や反応を示すので、意図を特定するのが難しいのです。むしろ意図はどうあれ、結果的に相手が利得を得ることになる行動、そして短期的にはそのために自分が損をこうむっている行動を利他行動と呼んでしまったほうが混乱を減じることができるでしょう。どのような行動をとったとき、その概念に該当する行動になるか、それを決めておいたほうが合意を得やすくなります。しかし、問題は社会的な合意というのも、ある側面ではどんどん変化してしまうということです。

## 2 社会的な合意

ついこの間まで、災害に遭い、その後、悩んだり体調を崩した人は、「たいへん辛い経験をして、困難を抱えている人」でした。ある意味では、辛い経験をした普通の人です。しかし、最近ではこれらの人に「PTSD」という名前がつくようになりました。経験がカテゴライズされているわけです。DはDisorderで傷害です。心的外傷後ストレス障害というわけです。これによって、外傷的体験を経験した人たちは大変で、障碍状態にあることとの認識は高まりましたが、同時に、その社会の中で、同情すべき哀れな存在に陥ることにもなりました。社会はその時どきで「かわいそうな人たち」をつくり上げて、同情を動員することをします。ここでは、同情を受ける立場の人は弱者ですから、恭順にありがたがって、援助物資を受け取らなければならないというような社会的規範の影響を被りがちになります。「日本中の方から暖かい援助を頂いて、皆さんのお気遣いに感謝」しなければならないのです。送られてきた衣類が汚いお古で、「こんなの着られないよ」なんて思うことはもってのほかと思われてしまいます。といった具合に、「あるべき」

行動のパターンには規範があてがわれて、被災者という役割を演じなければなりません。そういうときは、○田○平という個人ではなくて、ある名無しの災害の被災者になるわけです。マスコミの取材の前では世の中の人々が期待するようなふるまいをしなければなりません。イラクで拘束された人の家族の言動がインタビューでちょっと傲岸だったりすると、よってたかって叩かれたりするわけです。このように災害に遭うという経験もその時代によって、社会からの認識のされ方が異なりますし、PTSDなど特定のカテゴリーを用いた認識をあてはめることで「病気の人」がたくさんつくられてしまうことがあります。

精神障害者についても、精神作用が他の大勢の人と異なるということで、障碍と認定され、社会によっては、病院で入院生活を行なうべき存在と定義されます。同様の障碍を担った人が、その社会においてどのように認識されるかは、時どきの社会によってつくられている成員のあるレベルの合意によってなされるわけです。精神障害者とはこれこれこういう存在だという科学的な定義よりも、社会的存在としての意味が、容易に定義されにくい一つの現象だといえます。結局それは、障害者側を定義するだけでなく、周囲のいわゆる「健常者」がどういう人たちで、どういう価値観のもとで生きているのかという関係性の中で、健常者－障害者として、相互的に定義されていく現象と言えます。ある種の精神状態について、脳の化学過程でもっと明確に定義可能な状態が明らかになれば、「科学的定義」としては変わってくるかもしれませんが、それでも特に神経症レベルなどの場合、個々のクライエントの状態の解釈や定義は多様なものがあり、単一の真実があるかどうかは怪しいことになります。療法によっては、それを意識して、セラピスト側がある解釈をしたケースにおけるある対応が、クライエントにいかなる影響を及ぼしたかを、セラピスト側の視点で一つの解釈を行なってみたときに、このように見えたことがあるという現象を俎上に載せて討論してみるといったスタンスを取ります。科学的真実はとりあえず二の次であってもできることがあるわけです。クライエントの間で共有されたと、セラピストが感じた物語を語ることもできます。

このように、病気や障害、被災や非行など人々が日常の常なるものと考えている状態からの逸脱状態については、特にその社会がどのようなイメージを付与しているかによって意味づけは相当変化するものです。悪しき存在から、尊い存在まで実に多様です。このように人を入れ込んでしまうカテゴリーなどは典型的に社会によって構築されているものであり、安定して持続的に一貫した唯一の真実などはありません。

## 3　一つの実験例

社会的抑制について私が実験演習で行なったケースを説明しましょう。作業をするとき、誰か他の人がそばで見ていると、作業の調子が変わるかもしれません。一生懸命しようとするかもしれませんし、やりにくいと思うかもしれません。実験に参加した一年生はマッチ棒の積み上げをさせられます。30秒計って、できるだけたくさん積むように言われます。そばで人が見ている条件と見ていない条件が設けられています。しかし、もしかしたら実験参加者の立場からは次のような経験だったと感じられているかもしれません。

「先輩数人から誘導されて、汚くて狭い実験室に押し込められ、実用的な意味が全く感じられないわけのわからない単純作業をやらされてやる気が全然出なかった」というのが実験参加者にとっての主観的な経験だったとしたらどうでしょう。それが、15人分平均されて、人が見ていた条件のほうが、見ていなかった場合よりも遂行成績が悪い（積まれたマッチ棒が少ない）という有意差が得られ、個々人のプロセスは誤差として扱われます。

そばで見ている人の存在が緊張感や生理的な喚起水準を上げて、慣れない作業に妨害効果を与えたなどと解釈されるわけですが、そこでは、やる気がしなかったという経験などは捨象されてしまうわけです（敏感な実験者は観察の経験から気づいているかもしれません。ただ、それをこだわるべき、あるいは記憶すべき経験として研究習慣上あるいは人生の習慣上取り扱っていなかったりするということがあるかもしれません）。

慣れない作業を人から見られていると遂行が下がるという、この「社会的促進／抑制」の知見自体は事実かもしれませんが、仮説に沿った解釈の中で、実際に実験参加者が一人ひとり感じた主観的事実は無視されることがしばしばあるでしょう。結果を支持する方向に働いた別の心理的要因を見過ごしてしまうかもしれません。仮にもしもの話で進めていきますが、先述の実験において、社会的抑制の効果が別の心理的要因のほうが強かったとします。そうすると、そこには解釈の誤りが生じていることになります。このような例では、明確に数量化された実験結果であっても主観的な解釈によって意味づけが変わり得ることを示しています。

よくフィールドワークや質的な研究において、主観的であると批判されることがありますが、実験研究においても主観的解釈を完全に排除してはいません。実は数量的な分析や処理が科学性を保証しているのではないのです。むしろ、通常の実験的研究のほうが科学的と称されるのは、その手続きと公開性にあるのです。実験のやり方、手続きを論文や報告書で公にして、誰でもがもう一度それを試してみることができるように開かれた状態にしておくのです。そうすると、自由な批判が可能になります。そして、結果からどのような解釈をしたかが報告されることになり、論文を読んだ人たちの批判の目にさらされた状態にもなるわけです。これが大事なところです。これによって、たとえば先ほどの社会的抑制の実験では、「このような別の解釈があり得るのではないか」と疑問を抱く別の研究者がいるかもしれませんし、その別の解釈と当初の実験の解釈といずれが理論的な説明として妥当であるかどうか、その決着をつけるような実験を構想して検証していくこともできます。実際そのように進歩していく筋道が確保されているため、実験を行なうのはかなりよい方法なのです。

これをエスノグラフィーや質的研究の報告にあてはめても同じであることに気づくはずです。どのようにデータを得たかの手順や方法がもし明確に記述されていて、結果からどのような解釈が導き出されたかのオープンな記述がなされていれば、同様の批判にさらされるわけですし、その点で科学的と言えます。ですから、データ自体を量的に処理しようが、質的に処理しようが、学問の科学性という点から言えば、五十歩百歩であって、根本は変わらないわけです。数量的なほうがすごく科学的だと考えるのは、現象とその数量化の対応性や統計的な分析の結果導出過程の一義性に信を置きすぎていると言ってよいかもしれません。いくつかの指標のうち、いくつかで仮説を支持する方向の結果が得られたとき、全体としてほぼ仮説を支持したと解釈して論文を書くことも可能でしょうし、支持されなかったと解釈することもできます。卒業論文などの指導をしていると、学部四年生のほうが研究にナイーブで、純粋なので、全部の指標ですべて仮説通りにならないと「だめだった」と考えがちです。むしろ指導教員のほうが、「仮説通りの有意な効果や有意差が全部で得られるなんて珍しいことなのだから（統計論理的にも実際に効果はあるのに、検定においては検出されないという二種の過誤と言われる現象が確率的に常に生じています）、これだけ仮説が確証されていれば、大丈夫。論文は思ったような方向でちゃんと書けるよ」と言ってあげたりするようなことがあります。しかし、プロの目から見た解釈が本当に正しいことの絶対的保証なんてありません。

また、構成概念と測定との対応性について考えれば、きわめて危ういケースが枚挙に暇がありません。特に個人差を取り扱うような変数を尺度で測定しているような場合、その尺度が意識的測定で妥当なのかどうかよく吟味する必要があります。社会的なスキルの測定などは望ましさの方向が明確にありますから、その点の対策をしっかりとらないと、自己報告式の回答は、自分自身に対する解釈にすぎないため、理論的に想定される本当の個人差であるのか、自己認知にすぎないのか問題となります。

このあたりの研究上よく見られるさまざまな問題について詳しく論じられている文献もありますので、[☆1]研究方法についてもっと自覚的に見つめ直してみたいという人はぜひ読んでみてください。4章で示した多面的思考尺度（70頁参照）なども多面的に思考していると自分で思うかどうかの自己認知になっているので、本当に日常その人が多面的に考えられているかどうか、保証されているわけではありません。多面的に考えることが確からしい事態で期待するような反応がこの尺度を用いて体系的に予測できるかどうか妥当性を検証する必要がありますし、それでも自己報告に頼るのは不十分な方法であるという認識は必要でしょう。

## 4 科学とは

さて、方法や結果、解釈を明示することによる「科学的」な方法について論じましたが、社会的に時に問題なのは、「科学的」というイメージが過大視されて流通することです。研究者自身は慎重に考えさえすれば、一つの結果の解釈はいずれ別の解釈によって覆されるかもしれないなどと思っています。ところが、世の中では科学と名がつくと、過剰に真実だと思う人たちもいます。科学を信じるとはどういうことなのでしょうか。

科学的な論理の進め方や、それらに基づいたメカニズムがわかっていれば、それは信じるのではなくて理解するということになります。パソコンが働く仕組みを解説されてわかったならば、それは理解です。冷蔵庫の仕組みがわかっていれば、通電している間、中に入れたものが冷えるのは当然ですし、その推測は理解に基づいています。しかし、この複雑な科学技術に溢れた現代社会に生きる私たちは、すべての技術の仕組みを理解してはいないでしょう。冷蔵庫の冷える仕組みは知らないが、この缶ビールを冷蔵庫に入れておけば冷えるだろうと考えるのは、冷蔵庫という製品、さらにその背景となる技術を信じているからでしょう。理解に基づくはずの行動が、信じて行なっていることにすり替わっていってしまうのです。いえ、本当はすり替わるのではなく、もともと人間というものの行動の仕方が、信じたことに基づいて行なうという行動様式に頼っているところがあるのです。

信じることの基盤の一つは多くの他者のふるまいです。「みんなが信じてそうしているようだ」と思えば、それを信じて同じ行動をとりやすくなります。また、何人もの人が試してみて、評判がよいようだから採用しようといったことも新製品についての態度としてあるでしょう。携帯電話が便利だと思えば多くの人が購入して使用することになりますし、もし万一、「携帯なんてめったにつながらないんだよ」なんていう評判が立っていたとしたら売れ行きはもっとよくないものになるでしょう。多くの人は、携帯電話で会話ができる科学的な仕組みを自分で探究して理解し、納得したうえで購入しようとは思いません。それでよさそうか、うまくいきそうかという様子を見ているだけなのです。

すると、テレビショッピングなどで、「このサプリメントは科学的によく効きます」「血液がさらさらになります」などという宣伝を視聴したらどうでしょう。このあたりがそろそろ怪しいラインとなって、このような宣伝と電化製品などの商品の間にさまざまなレベルの科学性の主張が世の中では見られ、それを信じる人、信じない人がいるわけです。4章で示した多面的思考尺度というものがありました。実験をしてみると多面的思考傾向の得点が高い人のほうが、テレビショッピングで宣伝する健康商品についての評価が低いものでした。[☆2] 疑ってみるというスタンスがより見られるわけです。

しかし、科学を信じることが、科学的なプロセスの理解に基づいてなされているのではないのならば、健康商品の効果を信じることと科学技術を信じることは一般の消費者にとっては地続きの現象だということになるでしょう。厳密に言えば、日常人々が信じたりしているのは、製品としてお目にかかるものの「技術力」つまりテクノロジーであって、その背景をなしている理学的な科学が視野に入っているわけではなく、実は科学が技術の確かさを保証しているとも限りません。科学理論としてはまだ「これがどうしてこうなるのか、確かな理論が見いだされていない」けれども現実の現象として、「このような条件のもとでは、このように働く」という事実の積み重ねが技術を支えていたりします。ですから、極端に言えば、しばしば技術は科学とは離れたところに自立して成立している場合があり、それは経験的に正しいという点に根拠をおいているわけです。「いつもこれでうまくいっているんだから、これでいいのだ」くらいの感覚です。ですから、一般の人が信じるのは、そのような経験の蓄積に基づいた技術の採用を信じているということです。ちまたではこれを「科学」ということばで呼び、それが科学だとイメージしているので、とりあえず本書での記述では科学ということばを技術と厳密に区別して使っていません。

さて、そのような経験の蓄積を信じる要因を考えてみると、まわりの人たちの支持以外の要因といいますか、多くの人たちが信じることになる大きな要因は、科学技術の権威性です。研究機関や大企業が開発して採用しているのだから大丈夫だという信頼です。国の予算も投じて研究がなされ、何だか優秀な人たちがつくっているものだから大丈夫なんだろう、ということです。結局、医薬品も厚生労働省の認可という国の権威づけというシステムを利用して信頼を獲得しようとしていますし、有効か有効でないかは評判にもよりますから、ある意味で正しさの検証は市場に委ねられていると言ってよいでしょう。

ただ、自分で購入する医薬品であれば、自分なりの判断の余地がありますが、病院など医療現場で用いられているもの、ＢＳＥの原因になるような硬膜とか、ＨＩＶ感染の原因となった血液製剤などは、国への信頼が裏切られて、対応が後手後手となった事例といえるわけです。

また、国側が盛んに安全性を主張していても、十分支持が得られない事例では、高速増殖炉などの原子力発電にかかわる技術なども挙げられるでしょう。

このように見ていくと、一見、科学的と言われることが、さまざまな「信じる」ことのレベルでばらついていることがわかりますし、その「信じる」「信じない」の判断が必ずしもいわゆる科学的な手続きに基づいてなされているわけではないことがわかります。このような意味では、古代において巫女の神懸かりが信じられていたのと同じ精神的仕組みで、現代において、ある種の科学が多くの人に信じられていると言えるわけです。その信じ方には十分な検証性が欠けているのです。

信じるという結果が現われるのは、社会の中の権威システムや人々の社会的合意に基づいているため、自然の法則に客観的に基づいて承認されているのではなく、きわめて社会的に構築されているということが、科学への信頼の現況であると指摘できるでしょう。

場合によっては専門の研究者もこのような信仰に巻き込まれているかもしれません。――大学という学術的権威の場において、心理学の教授たちが心理学研究法を講じ、そこでは、数量的測定や統計的分析が科学的手続きという名の下に重視されている――そのような学習環境で育ち、不幸にもその知識の基盤を十分自覚し、相対化する機会をもたなかった人は、「心理学の科学的方法はこれこれのものしかない、他の方法は非科学的なのだ」と信じているかもしれません。科学理論自体が変遷したり、技術が進歩すれば、それを取り巻く状況も変化するなどという視点を持たず、昔に教えられたとおりの手順を守って研究を行なうことが一番正しいことだと信じてしまうかもしれません。よく考えれば、それは科学的態度ではなく、信仰ということになります。

特に心理学ではどんな測定も主観的解釈を免れず、幾分の恣意性でも入り込む余地があるとわかっていたら、自分の研究でもより自覚的に慎重に気をつけるとともに、他者の研究行為の科学性についても無垢な誤解は生じないはずです。自分の足下をふり返れば、寸分の隙もない盤石な基盤の上に立っているのではないということに気づくでしょう。

そして、実際に研究というものはいろいろな方法があるので、自分が知りたいこと、接近したいことや研究目的に照らし合わせてさまざまな方法を取ることができます。次章では、量的な研究とは異なるアプローチを概観してみましょう。

# 10章 どのように人をえがくか

## 1 科学とコミュニケーション

9章で見たように、一見とても科学的に見える心理学の研究も解釈、発表する段になると、主観的な解釈の余地が残されていました。同じデータから異なる結論を導き出すこともできるかもしれないのです。解釈者としての研究者が自らのデータをどのように見るか、ここに「解釈」というものがあることは通常の心理学教育ではあまり強調されていないように思われます。データをとって統計処理していく一連の手続きの科学性についつい依存してしまって、考察という行為がどのように科学的に評価できるかいくらか無頓着になりがちな傾向があるのかもしれません。

また、仮に解釈や考察にやや主観的な要素があったとしても、方法と結果の科学性が保証されれば、客観的な結果から、論文の読者が「考察が間違っているのではないか」と考え、自ら検証するという可能性に開かれているということも重要な点でしょう。ですから、考察自体間違う可能性はあるが、それは「訂正される」という可能性に開かれていて、ここに科学性が保証されるというわけです。

しかし、注意すべきなのはこの考えに立つ場合、一連の科学的行為は他者とのコミュニケーションとなるわけで、多くの人がこれは正しいと考えることによって事実性やいわゆる客観性が保証されるわけです。つまり、科学という営みの中身には、コミュニケーション、他者との関係という要素が初めから含み込まれるということになります。さらに言えば、客観性の確立が、一度きりの作業ではなく、時間軸をもった時間の流れの中で成立していくというプロセス性をもった営みであると考えられるわけです。

このように自覚すると、時間の中で徐々に成立していく合意性や一度では定まらない科学性、一つの研究の中に含み込まれる解釈の主観性など、質的な研究と量的な研究は断絶したものではなく、ある意味、連続性をもった事態なのだということが見えてきます。主観性のもつ役割に注意するならば、全くその働きに自覚しないような量的研究（自覚がない場合に限ってという意味です）よりもきちんと自覚をもった質的研究のほうが、提示の仕方がそのような意味では誠実であると言えるかもしれません。つまり、この論文に書いてあることは、いかにもこのような解釈しか一義的にできないような結果が科学的に得られたのだという提示の仕方がされるのならば気をつけなければならないということでしょう。

## 2　さまざまな質的研究

フィールドワークは参加観察を行なう観察を主体とした手法です。その手法を取り入れた現場心理学は必ずしもフィールドワークと一致しませんが（図10－1）、実験室を出て、生の現場をとらえようとする心理学です[☆1]。さらに、尾見[☆1]は、「研究者がデータを得る際に、……研究者が研究対象者のもとに自ら出向いて実施する研究」として「フィールド研究」をとらえています。フィールド研究には、現場で行なうタイプの実験や調査も含まれます。しかし、その中で実験や調査のような数量的な分析に持ち込まないタイプの研究、フィールドワークから影響を受けたタイプの研究では、関心のあるテーマを追究するのに、その事象、現象が生じる現場に赴いて観察を行なうことが多いでしょう。一見「参加」というふうにしか見えない場合もありますが、記録を取っているので、それも参加観察という観察です。このような手法が取られるのは、関心の対象となっている事象が、現場を離れてはあり得ない、あるいは、見えなくなってしまう場合、非常に不自然になってしまう場合などです。発達研究などではこのようなことは多く行なわれます。幼稚園での幼児のいさかいやけんかに関心がある、遊びのルールの生成や変化に関心があるなどといった場合、幼児数人を大学のプレイルームに招いて遊んでもらうよりも、研究者自身が現場に赴くほうがスムーズに研究を進められます。現場の方々の了解が得られるなら、何度も足を運んで、それをノートにとったり、ビデオで撮影するなど何らかの記録方法を用いて収集するので

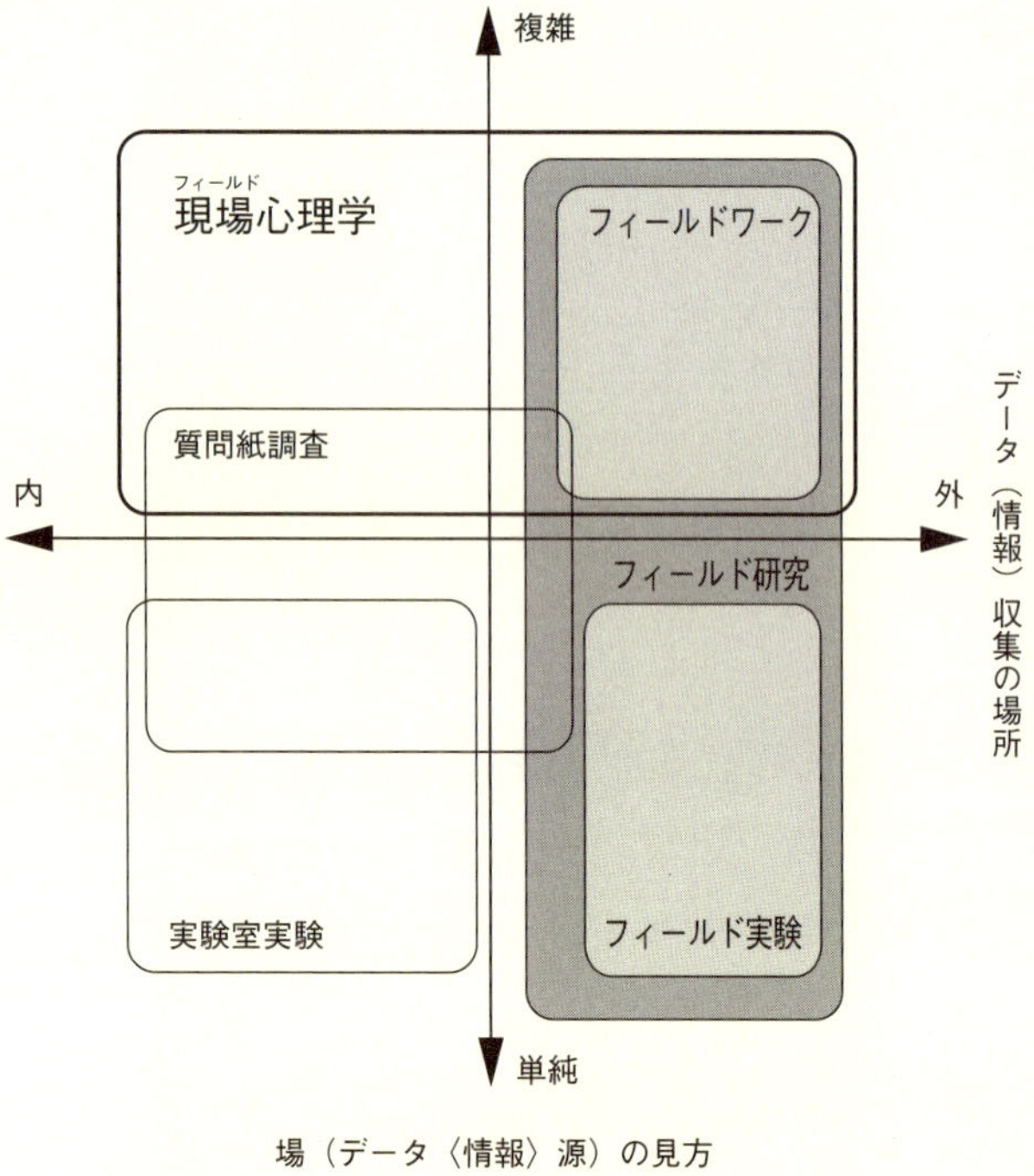


●図 10-1　フィールド研究の位置づけ☆1

す。これも一種のデータです。観察法によってこのような生データを得て、カテゴリー化していくとか、コーディングしていくなどの作業を行ないます。研究を進めていく段階やそれまでの先行研究しだいで、カテゴリーがあらかじめあって観察しながら仕分けしたり、ただカウントしたりする場合もあれば、生に近い記録をとって、後からカテゴリーが生成されていく場合もあります。

　関心のあることがらについての事情をよく熟知して

いくというプロセスもあり、介護にまつわる問題を知ったり、子育てにまつわる問題を知ったりするような場合に、介護施設や医療施設、あるいは協力者の自宅に足を運んで観察する場合があります。このように「現場」が一定のそれこそ「場所」的な特定（何丁目の何とか病院など）されていつもそこに通う場合もあれば、場所は一定しない場合もあります。暴走族のエスノグラフィーなど、暴走族が集まった場所が「現場」であり、多く使われる場所はあるかもしれませんが、場所が特に大事なわけではなく、その「人の集まりが行なう行為、活動」が重要なターゲットとなるわけです。もちろん場所が決まっていても、重要なのは、行為、活動ですが、活動によっては、場所の地理的特性や建築的特性が関係的特性に影響を及ぼす場合もあります。

ライフストーリー研究では、インタビューが用いられます。フィールドワークでもインタビューを併用することがしばしばありますが、フィールドワークでは、現場で生じることをまるごと経験していく点が重要であり、活動に立ち会うことで、その活動そのものがよく見えてくるという点を活用します。どのようなことがらがどんなふうに起こるのか、これは現場のほうがよくわかるでしょう。しかし、心理学として、行為者の気持ち、内的な感情や思考などの気持ちに関心がある場合は、観察しているだけでは十分くみ取れない点が残ります。当事者から詳しく話を聞いて初めてそのときの気持ちや悩み、困った点などがわかってくるでしょう。したがって、フィールドワーカーもしばしば質問を発しますし、研究のスタンスにもよりますが、より「参加」的な観察を行なう場合には、自身が当事者とさまざまなインタラクションを持つので自身がかわした会話や経験からわかってくることもあるし、時間をとって改めてインタビューを行なう場合もあるでしょう。

　ライフストーリー研究では、自分の経験や人生に対して本人がどう感じ、思っているかが一つの関心になりますので、より心理的な傾向が強く、そのような心理的な関心を満たすには、当事者、本人に思いを詳細に語ってもらう必要があるわけです。ただ、このように言うと、協力者が研究対象であり、語られることは決まった事実であって、研究者がそれをさばいて料理するように聞こえるかもしれません。実際は、語りというものは何が語られていくか、どんなふうに語られていくかが、そもそも聞き手と語り手の共同作業であるという面が濃厚にあります。聞き手が異なれば、違ったふうに語られたかもしれないし、時によって違ったふうに語りたくなるかもしれません。その場、そのときの一回きりの語りがそこには現われて、そのような語りが得られた責任は、語り手のみに帰される要因ではなく、聞き手の要因もあるということを忘れるわけにはいきません。ただ、このような聞き手の役割を研究の発表の中で重要な意味ある要因として強調する場合も、ほとんど強調しないような場合もあります。それは、研究の目的や研究のターゲットとなる事象の性質によって異なってくる面があるからです。

　ただどんな場合も聞き手は無色透明にはなれませんので、ライフヒストリーで得られた語りには、その研究者自身の個性や署名がついていると言ってよいでしょう。いずれにしても語られた生のデータから研究として成立させていくには技量が必要です。聞いた話をベタ書きするだけでは研究になりません。単に要約するだけでも研究になりません。臨床のケース研究などで、面接の記録の要約をベタ書きしたような資料を見る場合がありますが、それを提示するだけではもちろん研究にはなりません。何らかの視点があって、どう解釈できるか、そこが一つの研究の神髄です。ですからデータをとったらもうほとんどあらかじめ処理の仕方が決まっている量的な研究（そうでない場合もしばしばありますが、実験的な研究ではむしろ処理の仕方も想定して組み込む形で実験計画が立てられるのが普通であり、そのほうがしっかりした実験研究であるという理解があるでしょう）と異なり、後の処理の難しさ、たいへんさがあります。そこの覚悟がないと、時に見られるような大量のデータを抱えて途方にくれる修士論文生のような姿になるわけです。

気をつけなくてはいけないのは、2章で見たように、なぜ研究するのかという根本的な動機や気持ちがしばしば論文をまとめる段階において量的研究以上に成果の質を左右しかねない点です。その研究テーマを選んだのは間違いなく、そこに関心があったからでしょう。テーマにまつわることがらについてよく知りたい、詳しく知りたいなどです。たとえば、「大学生ぐらいの女性がどうして化粧をするのか、また化粧をするときの気持ち、その効果を知りたい」といったテーマに強い関心があって、何人かの女性にインタビューしたとします。よくないのは単に自分が知りたいだけで、何人かから話を聞いたらそれで何だか気がすんで、満足して終わってしまうケースです。「自分」が知りたいのが主たる動機ですから、自分の気がすんでしまえば、それを「他者」に説明するのに熱意が持てないのです。こういうのは独りよがりの研究ということになります。

2章のモードⅡを思い返してみると（18頁参照）、社会への貢献を重視していました。調査協力者も語る負担を負っているわけですから、何らかの成果を上げ役立てたいものです。聞いたことをまとめていくことによって、役立つ知見が得られ、他の人に役立ててもらえることができれば望ましいでしょう。もちろん科学的知見が蓄積されていって、役立つ実感が持てるまでには時間のかかる研究もあるかもしれません。その場合も成果が広く、多くの人に共有できるように成果を記述していかなくてはなりません。そのために、まとめることには工夫が必要で、また研究の視点や切り口も必要であり、まとまった知見が得られるに越したことはありません。

たとえば、3人の子どもを育てた母親の子育てについてのインタビューでは、母親とからだが離れるとすぐに泣く、寝ないといった長男の大変な子育て経験が次男における類似の経験の解釈に影響を与えていることが見られたりします。長男の経験を通して、「この子はこういう子なんだ」という一種の割り切りのようなものが成立し、またそれが異常なことではなく、自身の母親から聞いた「私自身も乳児のときにそうだった」といった自己との類似性の認識も相まって、我が子の執拗な泣きを受けとめられるようになったりします。割り切って、抱かれていたいなら抱いていようという行為となり、肉体的には大変ながらも精神的な迷いや不安などのぶれが長男のときほどではなくなります。「泣く」「寝ない」「食べない」といった問題カテゴリー、自身の経験との照合といった概念は、子育てで類似の経験をするような養育者たちの心の支えになり得る成果のまとめと言ってよいでしょう。

## 3　グラウンデッド・セオリー・アプローチ

研究者がこれらの作業に1人で一から取りかかるのは相当大変なことで、かなりの力量が必要です。その助けになるアプローチがグラウンデッド・セオリー・アプローチ（Grounded Theory Approach: GTA）です。詳しく説明するのは難しいので、さわりだけ伝えられればと思います。関心を持った方はぜひ参考文献[☆2☆3☆4☆5☆6]に取り組んでください。GTAは、研究を進めていく考え方や取り組み方、手順などを一体として理論化したアプローチです。質的な研究を進めていく手がかり、標準的な方法の一つを比較的共有しやすい形で提案されているものなので、0から手探りで質的研究を行なうという冒険を避けることができます（積極的に冒険したい人は手がかりなしでよいのかもしれませんが）。

GTAでは、現場で観察したり、インタビューによって得られたデータからカテゴリーや概念を生成していき、そのカテゴリーや概念を精緻なものにしていくために、特質（プロパティ）や次元を考え、理論的なサンプリングということも行なってデータを豊かにし、それによって概念などをより確かなものにしていくといった工夫が織り込まれています。

インタビューなどで得られた話を逐語録のデータとして、それを補ったり、意味を明確にしたり、感じ考えたことを書き込んでいくといったデータを豊富化していく作業を行ない、それを見直す中で浮かび上がってくるカテゴリーを考えます。カテゴリーが生成されたら、そのカテゴリーの特質についてよく考えます。討論によって仲間の知恵の助けを得たり、スーパーバイザーの相談を受けることも役立つことで、可能ならぜひ行なったほうがよいでしょう。特質の産出には、他の事象との比較を継続して行なっていくという技法が役立ちます。ＧＴＡではこのように知見を生み出すために有効な技についても、師弟関係や仲間内の伝承に頼るようなわかりにくい秘伝とするのではなく、できるだけ共有できる部分は共有化していこうという理論化が見られ、質的研究を進めるにあたってたいへん心強い研究資源を得ることができます。特質に次元を設定することで、その特質が強い場合、弱い場合などを理論的に想定することが可能で、その効果を知るために、どのようなデータが不足していたかが見いだされ、それを補うためにさらなるデータの収集へと向かう――このような理論的サンプリングが可能になります。新たなカテゴリーがもう出てこなくなったり、ある程度進めたところで理論的飽和が生じたら、そこでデータ収集を打ち切ります（納得するまで確認的に収集することは可能です）。

このように述べると順調にずんずん研究が進むように見えますが、考えを進めていく中には迷いもありますし、データに戻って考え直したり、そのような螺旋的な作業が必要になります。かなり持続的にデータをとっていくことにもなるため、大変な労力が必要です。しかし、データを取ってどうなるのか見通しが全くない（ある意味では全くないのですが）よりは、多くの先人がこのようなプロセスの中から何かをつかんで生成していったと思えるのは心強いはずです。まとまってきたら（何度も）図示してみたりして、カテゴリー間、概念間の関係をとらえていきます。

このような成果が「理論」であり、結果的にGTAは理論を生み出すツールとなるわけです。ただし、「理論を生み出すためのツール」という考え方は誤解があると木下[☆2]によって指摘されています。何よりもデータに基づいてGTA的な思考法によって思考していくことが大切だというわけです。

ただし、木下も述べているように、ここでの「理論」とは、人間一般にあてはまるような一般化される大きな理論ではなく、限定された領域で説明力を発揮する理論です。データや現象に根ざした理論であり、何度も検証を行なっているので説明力に優れているわけです。ただし、それは永遠のものではなく、テーマとして扱っている事象が時と共に移り変わっていく性質を持っているので、それに従ってGTAで得られる理論も変化していくプロセスにあり、常にこの理論とはプロセスであるといった特徴があります。

厳密に言えば量的研究がターゲットとする事象もプロセスとして変化していく運命にあるものであり、ただ、事象によっては、当面変化を無視してよいような時間スパンの中に私たちが生きているかどうかという相対的な量的差異があるにすぎないとも言えるでしょう。社会も文化も変化していくものであり、人間の性質も変化しているかもしれません。今心理学のテキストに描かれていることのいくつかは十五世紀には成り立たなかったことかもしれないし、将来は成り立たなくなることがあるかもしれません。ここ三十〜四十年ではそう変化しないだろうと思われることが、一見「一般的な」法則だと見なされている、そういった場合もあるに違いありません。

次に、GTAの研究例を示したいと思います。「信頼できる関係」とはどのような関係かを問うた水野[☆7]による研究です。水野は大学生、大学院生、社会人など青年19人にインタビューを行ない、その分析からカテゴリーを生成しています。最初のステップで生成されたカテゴリーを見ると、現在の関係の他に関係の変化というものがあり、ダイナミックな変化の視点を導入して見ていく必要があることが示唆されます。量的研究では、ある時点での友人イメージ、自己イメージ、その関係としての関係評価など断片を切り取る形になることが多いため、どういう特質の相手とどのような関係がつくられるかについて分析が行なわれ、その関係が時間軸と共に変化していることをとらえるのが困難になりがちです。インタビューでは、豊富なデータを得ることができるので、このような変化をとらえやすいという利点があるでしょう。また、インタビューの中では、関係がうまく進まない要因や、自身が苦手とするような点も述べられ、信頼関係の形成を支えるさまざまな要因を見いだすことが可能です。基礎的なカテゴリーを見ていく中で、信頼関係には、自分側にまつわる要素があることが明確になってきます。自分の性格特性や変化などの自己についての認識、また相手とは独立にある自分の態度などが挙がっています。最終的に生成されたカテゴリーを表10－1に示します。ここまでの作業によって見いだされた仮説は以下の六つでした。

① 信頼関係は「関係」だけでなく、「自分」についての認識とも密接にかかわっている。

② 現在の関係は「安心できる」ことを中心にした関係である。

● 表10-1　生成されたカテゴリー☆7

| カテゴリー・グループ | カテゴリー | 下位カテゴリー |
|---|---|---|
| 関係 | 関係の変化 | 外的な要因<br>関係の形成<br>関係の深まり |
| | 安心 | 相手への理解<br>ありのままの自分でいい<br>フィーリング<br>絆の感覚・時間的展望 |
| | 不安 | |
| | 仲がいい | |
| 自分 | 自己についての認識 | 自分の性格特性と変化<br>自立／自律 |
| | 自分の態度 | |
| 自分にとっての信頼関係 | 意味／意味付け | |
| | 大事な思い出 | |
| | 関係の文脈 | |

③　信頼関係は「形成」と「深まり」の2段階で形成されていく。

④　信頼関係は青年自身の発達に伴って変化する。

⑤　信頼関係を持つ相手はいざというときに頼れるので自立／自律を支えてくれる。

⑥　信頼関係のある相手との関係は自分の人生を物語るとき欠かせない一部である。

図10－2がこれらをまとめてモデル化したものです。このように各々の関係性をとらえて位置づけを行なっていくことで全体をまとめるようなモデルが形成されます。中には、一見あたりまえに思われ

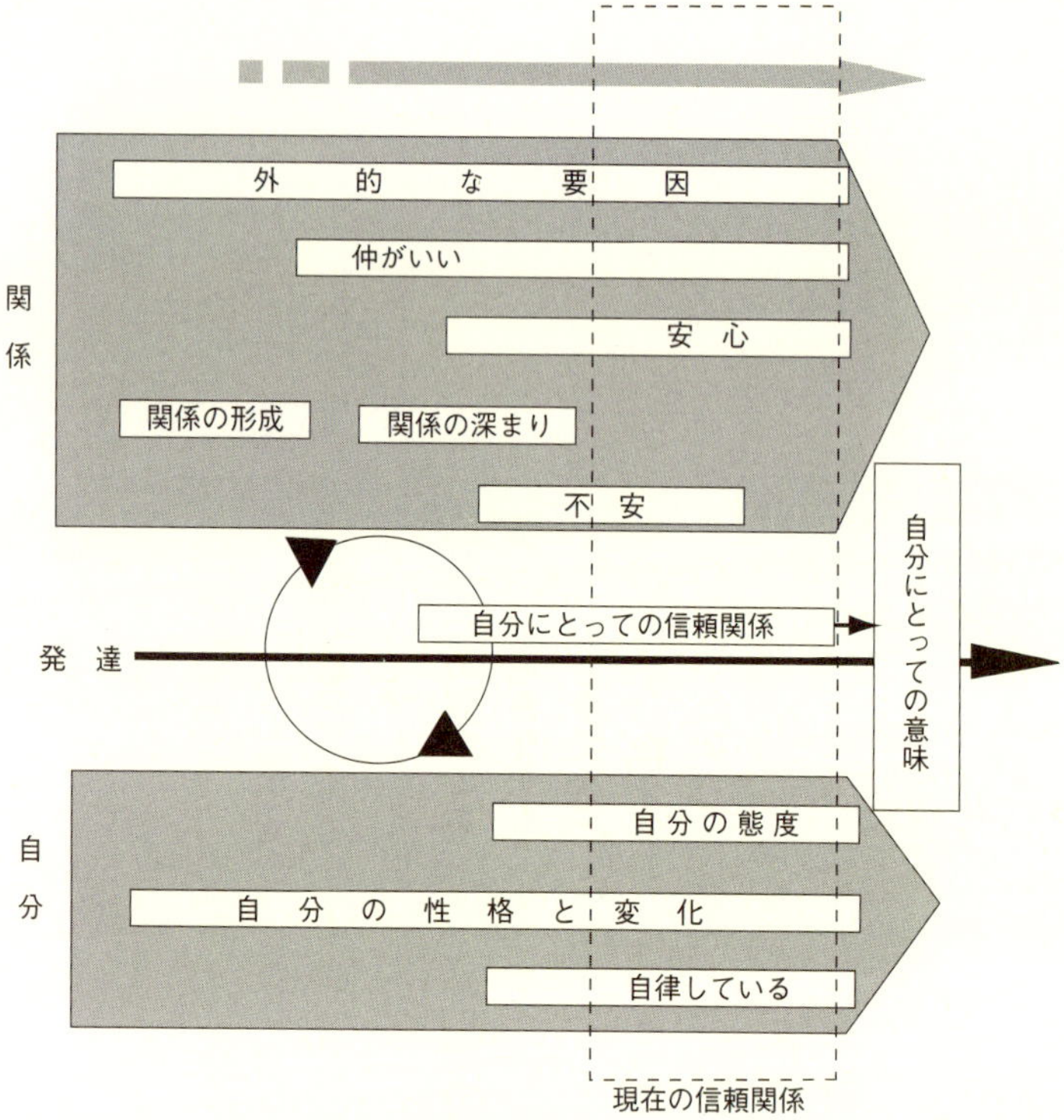


● 図 10-2　信頼できる友人との関係モデル☆7

る命題もあるかと思います。しかし、それも結果論的な認知の癖を表わしていると言えるもので、世の中ではあたりまえと思える言述がたくさんあるわけです。そのうちのどれとどれが選ばれるかは必ずしもあたりまえではありません。後から思えば、当然思いつくべきであったことが、考え落としていたということは始終あります。ですから、あたりまえのことも含めてきちんとインタビューデータをとって、もれなく、「これとこれが必要な事項だ」「やっぱりこれがすごく大事そうだ」ということをすくい上げていくことが必要になるのです。また、心理的現象の摘出で、妥当なことはむしろ「あたりまえ」感のあることですし、その現場で「やはりそうか」と納得される知見であることは、むしろその研究の妥当さの証しであるとも言えます。とりわけ、何を取り上げ、そこに「やはりそうか」という意識的な明確化をもたらすか、またその明確化を助けるような概念化や軸の切り取り方ができるかどうかも重要な点です。量的な研究にも長所、短所はあり、また、質的な研究にも長所、短所があります。自分の研究目的に応じて、使い分けたり、両方用いたりしながら研究に取り組めるとよいのではないでしょうか。

# 11章 構造構成主義

## 1 量的アプローチと質的アプローチ

10章では、量的研究とは異なるアプローチを示してみました。本書の章の並びに従えば、まず量的アプローチの説明があってから、質的なアプローチの説明があります。なかなか並行して学ぶのは難しいものですが、最初にこれしかないとあまり狭い範囲のものしか見ないのも欠点がありますし、学びが中途半端になるのも欠点がありますし、学習としては難しいところです。

1章で描いたようにとりわけ心理学科の新入生にとっては、文系的な心理学イメージがしばしば覆って、心理統計学や実験法などを学んでいくことになるのですが、それが大変な作業であるだけに、教える側としてはとりあえず脇目を振らずに実証的学習を進めてほしいと考えがちになります。学生には統計の学習は苦しいもののようで、相対的に人気がないため、逃げ道を与えるようなことなく、追い込まないとなかなか学習されないという事情もあるかもしれません。

また、臨床の先生方や質的研究をしている先生方でも、「まず基礎として実証的な考え方や基本的な統計を知ってもらわないと困る」とおっしゃる方もかなりおられるようです。基礎的なアプローチを踏まえたうえで、質的研究を学習するとか、実証の論理をきちんと理解したうえで、質的アプローチに入るとかいろいろな考え方があるでしょう。ただ、今は比較的早い時期に質的なアプローチの世界を覗いてみるのもいいのではないでしょうか。それぞれの教育機関に所属する学生のタイプにもよるかもしれませんが、実証的心理学の怒濤の押し寄せによって、今は耐えられずに萎えてしまう学生や、興味を失ったり、大学自体に失望し登校しなくなったりと、さまざまな作用を彼らに及ぼしかねませんし、そういうちょっと過保護で親身な心配も今どきの大学では徐々に必要とされているようです。

実際に質的アプローチの研究を行なうのが大変で多くの学習が必要だとしても、成果の説明については、学生は比較的理解し、興味を持ちやすいようです。もちろん、一方では実証的に行なった研究のほうに関心を持ったり、実験や科学的な手法でアプローチすることに新鮮味を覚えて興味を抱く学生もいます。ですが、現在のように多くの大学で心理学科が文系のコースにある現状では、質的な分析のほうが、文系的志向にはマッチするのでしょうか。特に臨床の大学院などで授業を行ないますと、質的な研究への関心の高さを感じます。

さて、このような量的・質的アプローチの取り方は、本来本人の文系志向、理系志向、数学への拒否感などによってのみ決まってくるものではないでしょう。それぞれの長所、短所があるわけですから、研究の対象、関心の対象しだいでいずれのアプローチがより自分の知りたいことに迫っていくことができるかという点が大切なはずです。

また時には学生にとっては場外バトルのような感じで、授業によって先生の言うことが全然違って戸惑うということがあるかもしれません。心理学の教育についてそのコースや学科内で合意がよくとれていないと、ある先生は、「質的なアプローチは非科学的だ」と述べたりするかもしれませんし、別の先生は「客観的研究など幻想だ。統計的分析もまやかしだ」などと述べて、受講している学生たちは混乱するかもしれません。一つの学科内でこのようなことが生じないとしても、学会という研究者が集まる世界に出かけていくと、発表しているポスターの前で（発表の内容を大きな紙に印刷してボードに貼り出してその前で発表者と興味を持って訪れた人が議論を行ないます。最近はこのような形式のポスター発表が多くなっていて、日本心理学会大会ではシンポジウムや小講演、ワークショップ以外の個人発表はすべてポスター発表の形をとっています）、そのようなやりとりが見られることがあります。現在はさすがにこのような素朴なやりとりは少なくなったかと思いますが、それでも質的アプローチの口頭発表（多くの人の前で発表を行なうような、おそらく読者の想像する学会発表のイメージ通りの形）の際に質問で、「一般化できるのか」「主観的な解釈では」というお決まりのやりとりがいまだに見受けられます。

## 2 信念対立の解消

西條[☆1]は、このような事態を「信念対立」ととらえました。信念対立が生じるのは、科学的実証主義を信奉する側としない側、量的アプローチ対質的アプローチ、基礎対臨床などの局面でしばしば見られるものです。

そこで、西條は、信念対立を解消する考え方、理路として、構造構成主義という考え方を提示しました。根本まで遡って確実と考えられる出発点から考え直そうとしたわけです。そのためには、各人は自分の拠って立つ基盤をふり返らねばなりません。

もちろん、研究者の中には普段から自分の拠って立つアプローチの基盤に自覚的な人もいますし、その位置づけをよく考えている人もいますが、信念対立を解消しないといけないと思えるような場面では、しばしばそのような位置づけに無自覚な研究者がすれ違いの発言をくり返すという光景が展開されていると考えられます。そこで敢えて無自覚な状態から自覚的状態へどのような筋道をたどればよいかが、構造構成主義では示されています。

まず、研究を行なうことも含めて自分の思考というものを考えてみると、ある基盤の上に成り立っていることがわかります。素朴な科学的客観主義では、人間の外部にあるものを実体化してとらえて、客観的な存在を疑わないでしょう。目の前にあるテーブルは実在するものであり、脳波を測定する機械も他者の頭の中にある脳も実在するものと考えています。

「客観的」とは何かという定義にもよりますが、9章で示したように、実際には、認知者、経験者抜きに自存する実在を確定することは困難です。その形も境界もすべて人間の見えに従って、私たちは存在を語っていますから、人間以外のものにはそうは見えていないかもしれません。また他者の主観的な「見え」は確認しようがありませんから、互いに同じ「見え」を持っていることが確かめられません。一人ひとりが異なる見えを有している可能性も否定できないわけです。ですから、誰にとっても一律にかくかくしかじかの外部実在があると確定することは困難です。これは現象学的なとらえ方ですが、外部に実在や真実があるという考えをこのように一旦カッコに入れて考え直すと新たな考え方に気づきます。そして、自分にはどのように見えていたか、その仕組みを考えてみることで、今まで絶対だと思っていたことが相対的なことにすぎないことに気づくわけです。これが現象学的還元です。

たとえば、「心理学の研究は、量的データをとって統計的分析をしなければならない」という信念を一度カッコに入れて、なぜそう考えるかを探ってみると、量的なアプローチを妥当とするような外部実在を疑わない考え方が基盤にあること、万人に共通の客観的測定が可能であることを信じている自分の態度や価値観が基盤にあることに気づくでしょう。

たとえば、幼児の問題行動に関心がある場合を考えてみましょう。量的アプローチを行なうためには、あるカテゴリーを用意して、幼稚園などでの観察から、出現した問題行動をピックアップしてカテゴリーごとにカウントしていくかもしれません。カテゴリーを作成するにあたっては事例や経験をよく検討して、どのような行動がいずれのカテゴリーに含まれるか厳密に検討をしておくことになるでしょう。

それでも、幼児が実際に示す行動のどれが「問題」行動なのでしょうか。誰にとって問題行動なのでしょうか。相手が持っているものを無理に引っ張り取って相手を泣かせたら問題行動なのでしょうか。無理に引っ張ったかどうかは誰が判断するのでしょうか。先生の指示に従わなかったのは「幼児の問題行動」でしょうか、それとも先生の側の指示の不備でしょうか。誰がそれを判断するのでしょうか。私があまり発達研究を知らないので、「例」としても的はずれかもしれませんが、カテゴリーの分類を行なうのは結局は経験に基づいた観察者側の主観にすぎません。客観的に数量化したように見えて、実はそこには濃厚に主観が含まれているわけです。データが数字になってしまうとその数字になったいきさつを忘れがちで、はじめから客観的な数字として見てしまいがちな誤りを冒すことがありますが、しばしば数量化の手続きは研究者の主観を通してなされている場合があります。質問紙についての「この項目がこのような性質を測定できるはずだ」というのは研究者のいわば思い込みであって、常に妥当性の検証を行なっていかないと危ういわけですが、妥当性の検証もしばしばあいまいな相関係数としてもたらされるので、その相関の値をもって「十分だ」と判断するかどうかも、また研究者の解釈しだいになります。

数量的なデータを処理しても、考察の段になると、中途半端な結果だったものを仮説を支持する結果とみなすかどうかは解釈しだいであり、研究者の主観が入る余地がかなりあるわけです。

どこにも主観が入らない量的研究などないと言ってよいでしょう。この点に自覚的に取り組んでおられる研究者は多いと私は考えていますが、信念対立という説明場面では、無自覚なタイプの考え方を取り上げています。量的な研究を行なっている中で、そこに研究者の主観が入り込んでいることを忘れてしまうわけです。

さて、このようにふり返ってみると、自分が知った、わかったと思った経験の根拠に遡ることができるので、自分の知ったと思ったことが絶対的なわけでないことに気づくわけです。

さらに、自分が研究している対象に関心を向けたのはなぜか、研究を通して何を知りたいのか自分の関心をも相対化してふり返ってみると、煎じ詰めれば、個々の研究者がその研究に臨むに至った個性的な研究動機というものがあるでしょう。そもそもの目的が異なればアプローチも違ってしかるべきです。このことは2章、3章で取り上げました。目の前のクライエントを深く理解したいと欲求している臨床の研究者がいたとして、その研究者に向かって、あなたの調べている知見は一般的なのかを問うても無意味で的はずれでしょう。そこに実験的な統制が行なわれていないことを問題にするのも的はずれです。もちろん臨床の研究でも一般性を追究したいという研究や効果研究などさまざまな研究があって、「分野」の問題でないのは当然です。個々の研究において個々の研究者がどういうスタンスでその研究に取り組んでいるかが問題になります。

信念対立の解消を目指す構造構成主義の考え方では、若干予定調和的なポジティブな見通しを語る傾向があるようにも思われますが、目指す方向としてはその解消への道筋なので、互いに自分の信念を相対化していく中で、別の考え方、他者の考え方もこの世にはあり得ることが腑に落ちてきます。

相対化しないと、自分の信念や自分の研究目的、スタンスを他者に押しつける失敗をしてしまうかもしれません。一旦他者の視点や立場に立つ努力をしてみると、学会発表の会場でもなぜ今壇上のこの人はこのような研究を行なって、このような分析を行なっているか、もう少し違った視点で見ることができるでしょう。

科学として間違っているとか、学問として間違っていると感じるならば、さらに聞き手は「自分の考える科学とは何か、学問とは何か、それはどうしてか」を問うことが可能です。学問的貢献のあり方は、2章で見たとおり一通りではなく、少なくともモードI、モードIIという異なった立ち位置があり得ます。そもそも現代日本になぜ研究者という職業があって、なぜ給与が支払われているかの社会構造を考えた場合に、「真実の追究」だけではない考え方の可能性にも思いあたるでしょう。

## 3 客観的研究から合意的研究へ

さて、そのように相対化して考えると、客観的なものは何もない研究しか行なえないのでしょうか。それではむなしく感じられる人もいるでしょう。そうでもありません。絶対的に客観的な真実はつかめないものかもしれませんが、ある程度限定的に多数の合意が得られるような知見を得ることは可能です。

人々の間の主観的経験を完全に正しく照合することは無理のようですが、主観的経験を言語化しつつ、ある程度それらをつき合わせることで、合意できる範囲を見いだしていく作業は可能です。一人ひとりが経験している現象はその人にとってある程度確かなことであり（現象の性質にもよりますが）、そこを出発点にすれば、見えているコーヒー缶についての、客観的真実を特定することができなかったとしても、人々の間で構成される主観的経験の共通部分が多そうな点について検討することはできます。そのような共通程度は、物や特に人工物ではかなり共通部分の割合が高いと言えるでしょう。それに比べればある人物の「やさしさ」「社会的スキルの高さ」などは共通部分のより少ない認知になると考えられます。

しかし、研究が相対的な合意性のうえに成立しているのだと認識していれば、無駄な争い（ずれた議論）なしに、自分の研究はこれこれこの程度の共通性の基盤に立つものなのだと謙虚に考えられるかもしれません。あたりまえのことですが、精緻な統計的運用をしているからといって、客観性を全うした研究と言えるわけではありません。人の内部の性質を仮定することも主観的な予測ですし、そこに安定した「対人不安傾向」などがあって、自己報告で質問に対して「他人が自分をどう思っているか気になる」程度などを回答してその合算がある傾向の指標になると考えるのは多くの仮定と測定者の主観および評定者の主観が参与しているわけですが、そのように形成された数値の結果だけを統計的に高度なモデルにあてはめて解析したからといって科学性が余計に高まるというわけではありません。だからと言って、そのような検討が意味がないというわけではなく、ある程度の信頼性と妥当性があり、過去の研究からもある程度の予測に成功していて、その実績のもとに何らかの関係や予測を検討しようというのであれば、十分学術的な研究として成立しているわけです。ただ、過信するのはよくないだろうというだけの話です。

そうすると、質的な記述も程度の問題であり、量的分析と根本的に異なるのではないことに気づくはずです。現象からある気づきを抽出するという手続き自体は、量的な研究でも質的な研究でも同じです。

比較的確かなことは、人々の間の主観の共通部分に目を向けていくということであって、うまくいけばその共通部分には構造を見いだすことができます。そもそも言語化された検討においては、言語化された時点でその現象はある構造を獲得しているわけですが、その構造どうしを照合してみると、さまざまな合意性の高低レベルの中に共通構造を見いだすことが可能なわけです。

## 4 再び実験を見直すと

ここで構造というのは、「笑顔は就職の応募者にとってよい効果がある」というようなものでも、「自分の現在の感情状態が幸福感の評定の基盤として影響する」というようなものでもいいわけです。後者は実験の結果見いだせる知見ですが、実験的知見が得られるまでのプロセスを分解すると以下のようになります。

快状態と不快状態によって、幸福感の評価が変わるかという問題設定を行なった研究者は、感情状態を独立変数、幸福感の評定を従属変数という実験を構成することを考えたとします。すると、まず、独立変数として操作する感情状態をどのように導出するか、これまでの人生経験に照らして考えるでしょう。もちろん先行研究がありますから、それらを参照してどのような操作が有効か考えます。音楽を用いるというアイデアに対して、「音楽の好みは人それぞれだから感情の操作には難しい」と考える学生がいたりします。この場合、自分の実験の構成法については、自分の持っている主観的な常識を適用して実験方法を決めようとしているわけです。所詮、共通の構造を抽出できるのはパーフェクトではないとはじめから思い至っていれば、かなり多くの人に快感を喚起し、多くの人に不快感を喚起するような音楽があるかもしれないと考えるかもしれません。むやみに完全さを求めようとする態度は、求めれば完全がこの世のどこかにあると信じている根本態度に原因があるのかもしれません。

いいかげんな常識を適用するのではなく、これまではどのような感情喚起の手法が有効であったか、丹念に先行研究を調べたとします。しかし、有効な効果をもたらすのは、聴取される音楽単体の効果とは限らず、実験室の設備的、建築的条件、どの程度「実験室で音楽を聴くのが違和感のないことに思われるか」のその大学や研究室の普段の実験状況や、実験参加者の過去経験にも依存しています。実験室が狭すぎると、そこに閉じ込められてヘッドフォンをかぶされて、快適な音楽を聴かされても緊張するだけかもしれません。そこで、「あなたはどの程度快適ですか」と自己報告尺度で質問されると、人によっては、「快適に思える音楽を聴かされていたんだから、本当は快適になっていることが期待されるんだろうなぁ」と気を遣って考えて、快適な方向にマルをつけてしまうかもしれません。実験研究の手続きとして必要だと言われている操作チェック（この場合、感情を引き起こすことがうまくいったかどうかのチェック）を行なったところ、快群と不快群の自己評定に統計的有意差が見られて有効とされるかもしれませんが、このようなことがあるので安易に信じるのは危険です。このように実験室の物質的条件を加味して感情の操作方法を考えているならば、実験以前の段階で「常識」による判断が入っていることになります。

あるいは、画像によって感情喚起しようと考えたとします。新たに画像を用意する際には、ポジティブになりそうな画像と、ネガティブになりそうな画像を集めます。最初、集めるときは、これがポジティブ、これがネガティブというのは常識的は判断を行なっているわけです。集められなかったものは実験材料になり得ませんから、集められた実験材料サンプルの世界から抽出された基準は自分の常識ということになります（複数の人で持ち寄ることももちろんあります）。もっともむやみに集めるのではなく、広告に用いられているからポジティブの確率が高いだろうとか、これまで、動物の子どもはポジティブ感情を喚起することが多いという結果があるから、意図的に動物の子どもの画像を収集しようとか理由を持って選択的にピックアップする場合もあるでしょう。

さて、集められたら、予備調査ということで、各画像をある程度の人数の調査協力者に提示して、快・不快を評定してもらいます。その際、評定者も本当に各画像によって自分がどのような感情が喚起されたかをきちんと回答できるているとは限りません。感情の規則には文化的な規範があります。ある文化では、「動物の子どもはかわいい、ポジティブに感じるべき」という規範があるかもしれません。「これをかわいいと思わないなんて、動物嫌いだろう」と考えられ、さらに、「動物が好きな人にはいい人が多い」となり、さらに裏を返せば、「動物が嫌いな人は心の冷たい非人間的な人だ」という推測が予想されます。誰だって、非人間的に思われたくありませんから、犬が嫌いな人でも、子犬の画像を提示されたら、常識に従って、快適と回答してしまうかもしれません。自分の属している文化では、「この種の映像」はどう評価されるべきかという規範に思わず自動的に従っているだけかもしれません。それが意識にも上らずに行なわれている可能性があります。しかしそれだと、その画像を提示して本当に実験参加者がポジティブな気分になることは保証できません（そのため、このような場合、さまざまな感情の喚起の仕方を行ない、複数の実験の効果を見定めることで、感情の効果であることが確からしいかという推論を行なったりします。[☆2]）このような刺激の選定など実験の準備の段階で、さまざまな常識という合意性を適切に利用したり、あるいは誤って影響を被ったりしながら実験は構成されていきます。社会心理学実験の大がかりな操作も、このような操作を行なえば、実験参加者はこのような文脈に置かれることになるだろうという常識的な判断に支えられて準備が行なわれるわけです（ですから常に操作チェックを行ないます）。

実験の実施には、論文に書かれない見えない部分や目立たない部分で常識による構成、その社会における多数の成員によって合意されるだろうと期待される手続きに基づいて構成されるところがあります。したがって、実験という手続きを踏んだため、きわめて客観的であると必ずしも保証できません。重要なのはそのような公開性であり、反証可能性を保証するような仮説の提示と手続きの透明性で、そこにこそ科学性の保証があるという論もあります。私自身もしばしば授業でそのようなことも言います。

しかし、専門的な論文は、紙数が限られていて、実は重要な役割を果たしている暗黙の状況について語られていないかもしれません。たとえば、アメリカの社会心理学実験では、第一セッションと第二セッションを異なる別の二つの実験だと実験参加者に思わせて行なっているものが多数あります。実際に一年カリフォルニアにいてわかったことは、心理学入門コースをとっている学生はその学期に指定された数（たとえば五つ）だけ実験を受けるのが単位取得の要件であって、ボードに貼り出されている実験募集の複数に名前を書き入れていくのです。その結果、電話がかかってきて実験参加者の都合も勘案して、「たまたまうまい具合に」二つの実験が、同じ日の連続した時間に入ります。このように続けて実験を受けることは日程上の都合からよくあることであって、二つの異なる実験を続けて受けている状況が日常的に自然な状況としてあるため、このような操作が有効となりやすいわけです。アメリカで、このようなやり方がすべてが共通とは限らないでしょうが、その背景は論文には書かれていません。ただまねをして、日本で、これから二つの実験を受けてもらいますと説明しても、本当に信じてもらえる程度にはもしかしたら違いがあるかもしれないので、十分注意、配慮して、実験の設定を行なう必要があるでしょう。

例を挙げましたが、上記のように、単に追試すると言っても異なる人が異なる場所で行なっても重要な条件が異なっているかもしれず、実験手続きについての完璧な公開性を保証するのは困難です。また、書かれていなかった背景はもしかしたら得られた知見を保証するのに重要な条件ではなく、そのため、さまざまな場所で実験を行なっても同じ効果が得られたとすると、その知見の頑健性は高まるわけでしょう。実験は一回で知見を確定しようというものではなく、くり返し同様の効果が観察されてはじめて一般性が高まっていくものです。ただ、そうやって進めていけば、合意性の高い知見の確からしさは高まっていくので、十分に意義のある知見が得られるわけです。

## 5　なぜ、心理学をするのか

質的な研究においても同様に一回で知見は確定しないかもしれません。その点で、いわゆる実証的な研究も、ある介護施設での実践事例を紹介している場合と比べて、原理的には根本的差異がないことがわかります。その介護施設特有の事情があるかもしれませんし、程度の多少はあっても、それは実験という行為にも含まれています。特定の大学の特定の研究室、特定の実験室という事情などがそれに当たります。質的な発表を聞いて、「一般性がない」と言う人がいますが、実験研究も、質的な研究も、複数重ねていく全体的なプロセスの中でその知見の一般性が高まっていく仕組みに違いはありません。ただ、どの範囲まで一般化したいと想定して研究を行なっているかは個々の研究で異なるにしても……ということです。

人の相互作用を観察して記述していく中にも、また質問紙調査で項目を設定したり、それに回答したり、その回答を判断していく中にも、いずれにも主観は混入しています。また、意味ある解釈を見いだしていく作業は、量的データでも質的データでも自動的に行なわれるわけではなく、常識的な判断と合意性の高そうな解釈を求める研究者の意思のたまものです。いずれにしても、解釈の有効性、知見の有用性は、引き続く研究や実践の中で有効な予測として働くかにかかっています。よいモデルは多くの現象をうまく説明するでしょう。もちろんモデルの適用範囲はさまざまに想定され、戦略的に限定された場面しか対象としない場合もあります。あとは、同様の実験場面で確証されるか、実践の中で確証されるかは、期待される検証場面で異なっているかもしれません。けれども、このように見ていくと、研究の原理として働いているプロセスが、量的データと質的データでかなり共通しているところがあることがわかるのではないでしょうか。

質的データを取る際には、さまざまな状況が重要ですから、データが得られていく過程をなるべく詳細に記述していこうとします。そうすると、通常の論文では紙数が足りないということになるわけです。しかし、今のように考えれば、量的研究でも本来記さなければならない状況があり、それを省略しているだけであって、詳細に記そうとするとやはり紙数が足りないことに気づくかもしれません。要するに五十歩百歩なわけです。結果として見えているのが、数字という顔をしているデータであるか、字、テキストという顔をしているかが違うだけであって、データというより高次の抽象レベルで議論すれば同じことです。統計的計算は人類における共通要素がかなり高いデータ処理手続きをとっているだけであり、さらに得られた結果に対する解釈が行なわれるのが普通です。テキストから解釈が生じてくる処理作業も、ある程度そのプロセスを開示しながら進めていくことで、多くの読み手の合意を獲得することに成功するかもしれません。

量的な研究も質的な研究もこのように、現象から構造を見いだしていくプロセスであり、各々の読み手がどのくらいその発表、提示に説得されるか、納得するかという問題です。実験によるデータがたくさん表われても、自分自身の直観や常識にそぐわないから、その解釈を承認しないというような反応が比較的多い、存在脅威管理理論*注というものも社会心理学の成果の中に見られます。実験をせっかく行なっても、知識が流通する人間の世界の中では、研究者さえも、信じたいものを信じる、信じたくないものは信じないという態度を示すことがあるわけです。

どのようなねらいで研究知見、構造を抽出し、それを利用するかは、研究者の関心にかかわる問題であり、ある病院という特定の場で、そこでの医師－患者関係、あるいは看護士－患者関係などの特徴を抽出する営みであれば、その当該病院の知見が得られればよいので、その他の病院に一般化する必要がそもそもありません。その後、その同じ場で働く人がそれを参考に仕事をするうえで役立てればいいわけです。そしてモデルはその現場の実践の中で改訂されていき、生きていくかもしれません。

あるいは、人間には類比的な推論を行なう能力があるため、[☆3][☆1]質的研究から提示された知見を同一の状況ではないにしても、類比的に自分の経験と照合して役立てるような結果が得られるかもしれません。質的な結果提示は、数量的な処理に比べて抽象度が低く抑えられているので、全体的・総合的な現実に接近している長所があり、現実的な事例の力という説得力を持ちます。少なくともこういう事例があったという（解釈があるので完璧ではないものの）現実性に基づいた議論を行なうことが可能で、実社会の中ではしばしばそのような議論が重要となる場面もあります。ある遊具で幼児の事故が起きたという事例の集積に対して、いつも事故が起こるかとか、正しく利用してるような通常の行動からその事故が発生する確率は低いとかいうような議論はあまり意味がありません。いろいろな行動レパートリーを変数として設けて、さまざまなプロセスと帰結を予測するような量的モデルを打ち立てることも可能かもしれませんが、自然言語で記述したほうが多くの人に周知する手段としては優れています。

以上のように、質的なデータの扱いと量的なデータの扱いには原理的に共通部分も多く、五十歩百歩であると強調してきましたが、その差異についても過小評価するのはよくないかもしれません。肝心なのは、研究者が何を検討し、何を知りたいのかの関心を明確にしつつ、適宜、その目的にかなった研究方法を用いていくということであり、一人の研究者が時に量的研究を時に質的研究を行なっても当然よいわけです。むしろ、対象によって、方法を使い分けることができて、さまざまな技を会得しているほうが柔軟で便利なのではないでしょうか。そのためにも、これから心理学を学んでいく人たちには、さまざまな方法を優劣などの発想ではなく、目的にかなった利用という観点で、長所・短所を勉強しながら利用方法を学んでいってもらえたら、心理学もさらにどんどん発展していくのではないでしょうか。知的関心をひきつけるような、あるいは社会的意義のあるような研究知見がますます積み重ねられていくこと、そして、その研究生産の様子をいくらか実体験してもらうことが心理関連の勉強をしようと思っている方々にもたらされることを願っています。そして、学生も研究者も研究の出発点はまず自分自身に「なぜ、心理学をするのか」を問うてみるところから始まるのでしょう。

＊注　**存在脅威管理理論**とは、人が最終的に死すべき存在であることを意識するのは、脅威になるので、そのような脅威が喚起される状況において、人は、何らかの永続性の感覚を抱かせる装置である文化への同化的依存が高まり、文化的価値観の支持や取り込みを高めるような反応を起こしやすくなるという理論。「人は死ぬ」ということを意識させる（Mortality Salience）手続きをとると文化的価値基準に合致した反応が増加する。☆4

■ **高野陽太郎・岡　隆（編）　2004　心理学研究法　有斐閣**

主として量的研究の心理学についての現在の研究法のバイブル。科学的心理学の方法論が手堅く学習できる。

■ **安藤清志・大坊郁夫・池田謙一　1995　現代心理学入門 4　社会心理学　岩波書店**

社会心理学の基本となるテキスト。現代の社会心理学の領域がよくわかり，人間関係領域に関する実証研究が多く紹介されている。

■ **池上知子・遠藤由美　1998　グラフィック社会心理学　サイエンス社**

著者の専門領域でもある社会的認知を手厚く取り上げた社会心理学の概論書。認知的アプローチによって各領域をかなりカバーしている。

■ **古畑和孝（編）　1980　人間関係の社会心理学　サイエンス社**

人間関係の社会心理学の基本となる書。各章で重要な知見が確実に押さえられる。

■ **無藤　隆（編）　2004　よくわかる発達心理学　ミネルヴァ書房**

現場で役立つ発達心理学の知見を調べやすいように，見開きで項目化している。本の利用者の方に目を向けた構成の仕方が斬新。

■ **西條剛央　2005　構造構成的発達研究法の理論と実践—縦断研究法の体系化に向けて　北大路書房**

構造構成主義を発達研究に適用した書。有効な縦断的研究の行ない方について，新たな提案がなされている。

# 読書案内

■**下山晴彦・子安増生（編著）　2002　心理学の新しいかたち　誠信書房**

これから心理学が向かうべき方向について，どのような新しい試みが可能か論じている。質的な方法論を重視するスタンスの章が多い。

■**山田剛史・村井潤一郎　2004　よくわかる心理統計　ミネルヴァ書房**

初学者に統計を教え続けてきた著者たちの経験から，つまずきやすい点をていねいにカバーし，理解しやすく導いてくれる。大きめの本の本文と脇にある注のバランスが取れていて読みやすい。

■**森　敏昭（編）　2005　認知心理学キーワード　有斐閣**

現代の認知心理学領域を一望でき，とかく難しい分野と思われがちだが，用語を押さえていけばよく理解できる。

■**Pinker, S.　1997　*How the mind works.* New York: W. W. Norton. 椋田直子（訳）　2003　心の仕組み（上）（中）（下）　日本放送出版協会**

進化心理学の考え方を広い領域で説明している。たとえや例を豊富にひいて，わかりやすく説明している。

■**Flick, U.　1995　*Qualitative Forschung.* Hamburg: Rowohlt Taschenbuch.　小田博志・山本則子・春田　常・宮地尚子（訳）　2002　質的研究入門―〈人間の科学〉のための方法論　春秋社**

質的研究のさまざまな方法やまとめ方について，ていねいに書かれている。質的アプローチを選択したほうがよいのはどんなときか，また，質的研究の評価についても述べられている。巻末に用語集もついている。

【9章】

☆1　吉田寿夫　2002　研究法に関する基本姿勢を問う—本来の姿ないし基本に戻ろう　下山晴彦・子安増生（編著）　心理学の新しいかたち　誠信書房　Pp.73-131.

☆2　北村英哉　2003　認知と感情　ナカニシヤ出版

【10章】

☆1　尾見康博　2001　フィールドワーク，現場心理学，フィールド研究　尾見康博・伊藤哲司（編著）　心理学におけるフィールド研究の現場　北大路書房　Pp.3-17.

☆2　木下康仁　1999　グラウンデッド・セオリー・アプローチ—質的実証研究の再生　弘文堂

☆3　木下康仁　2003　グラウンデッド・セオリー・アプローチの実践—質的研究への誘い　弘文堂

☆4　戈木クレイグヒル滋子（編）　2005　質的研究方法ゼミナール—グラウンデッドセオリーアプローチを学ぶ　医学書院

☆5　Strauss, A., & Corbin, J.　1998　*Basics of qualitative research: Techniques and procedures for developing grounded theory. 2nd ed.* Beverly Hills: Sage.　操　華子・森岡　崇（訳）　2004　質的研究の基礎—グラウンデッド・セオリー開発の技法と手順　第2版　医学書院

☆6　山本則子・萱間真美・太田喜久子・大川貴子　2002　グラウンデッドセオリー法を用いた看護研究のプロセス　文光堂

☆7　水野将樹　2004　青年は信頼できる友人との関係をどのように捉えているのか—グラウンデッド・セオリー・アプローチによる仮説モデルの生成　教育心理学研究，**52**, 170-185.

【11章】

☆1　西條剛央　2005　構造構成主義とは何か—次世代人間科学の原理　北大路書房

☆2　木村　晴・榊美知子・北村英哉　2006（予定）　3章　感情研究の方法　北村英哉・木村　晴（編）　感情研究の新展開　ナカニシヤ出版

☆3　Holyoak, K. J., & Thagard, P.　1995　*Mental leaps: Analogy in creative thought.* Camgridge, Mass: MIT Press.　鈴木宏昭・河原哲雄（監訳）　1998　アナロジーの力—認知科学の新しい探求　新曜社

☆4　脇本竜太郎　2005　存在脅威管理理論の足跡と展望—文化内差・文化間差を組み込んだ包括的な理論化に向けて　実験社会心理学研究，**44**, 165-179.

☆3　Kolb, B., & Whishaw, I. Q. 1996 *Fundamentals of human neuropsychology, 4th ed.* New York: Freeman and Company.
☆4　Carter, R. 2002 *Consciousness*. London: Weidenfeld & Nicolson, 藤井留美（訳） 2003　脳と意識の地形図　原書房
☆5　Wernicke, C. 1874 *Der aphasishe symptomenkomplex.* Breslau: Cohn & Weigert.
☆6　茂木健一郎　2003　意識とはなにか―〈私〉を生成する脳　筑摩書房
☆7　Damasio, A. R. 1994 *Descartes' error: Emotion, reason, and the human brain.* New York: Putnam.　田中三彦（訳）　2000　生存する脳　講談社
☆8　LeDoux, J. E. 2000 Cognitive-emotional interactions: Listen to the brain. In R. D. Lane & L. Nadel（Eds.）, *Cognitive neuroscience of emotion*. New York: Oxford University Press. Pp.129-155.
☆9　北村英哉　2003　認知と感情　ナカニシヤ出版
☆10　北村英哉　2006　感情の機能についての実験的研究―感情情報機能説の検証　久保ゆかり（研究代表）　豊かな感情生活を生きるために―感情の社会的な意味を問う　平成17年度東洋大学研究所間プロジェクト報告書，14-31.
☆11　Damasio, A. R. 2003 *Looking for Spinoza: Joy, Sorrow, and the feeling brain*. New York: Harcourt.　田中三彦（訳）　2005　感じる脳：情動と感情の脳科学―よみがえるスピノザ　ダイヤモンド社
☆12　Lane, R. D., & Nadel, L.（Eds）2000 *Cognitive neuroscience of emotion*. New York: Oxford University Press.

## 【7章】

☆1　Cartwright, J. H. 2001 *Evolutionary explanations of human behavior*. East Sussex, U.K.: Psychology Press.　鈴木光太郎・河野和明（訳）　2005　進化心理学入門　新曜社
☆2　Dawkins, R. 1976 *The selfish gene*. Oxford University Press.　日高敏隆・岸　由二・羽田節子・垂水雄二（訳）　2006　利己的な遺伝子〈増補新装版〉　紀伊國屋書店
☆3　都甲　潔　2004　感性の起源　中央公論新社
☆4　Mealey, L., Dacod, C., & Krage, M. 1996 Enhanced memory for faces of cheaters. *Ethology and Sociobiology*, **71**, 119-128.
☆5　Tajfel, H., Billing, M. G., Bundy, P. R., & Flament, C. 1971 Social categorization and intergroup behavior. *European Journal of Social Psychology*, **1**, 149-178.

## 【8章】

☆1　Tversky, A., & Kahneman, D. 1974 Judgment under uncertainty: Heuristics and biases. *Science,* **185,** 1124-1131.

*Social Psychology*, **89**, 277-293.

☆8　Cohen, C. E.　1981　Person categories and social perception: Testing some boundaries of the processing effects of prior knowledge. *Journal of Personality and Social Psychology*, **40**, 441-452.

☆9　坂元　章　1989　「血液型ステレオタイプに関する知識」と記銘の歪み—いわゆる「血液型性格判断」を否定する（3）　日本社会心理学会第30回大会発表論文集，29-30.

☆10　Fiske, S. T., & Neuberg, S. L.　1990　A continuum of impression formation, from category-based to individuating processes: Influences of information and mitivation on attention and interpretaion. In M. P. Zanna（Ed.）, *Advances in experimental Social Psychology, Vol. 23.* San Diego: Academic Press.　Pp.1-74.

☆11　北村英哉　1994　社会のなかの人間を知るための認知マップ—人についての記憶　山下清美・山下利之（編著）　こころへの認知マップ　垣内出版　Pp.65-70.

☆12　北村英哉　2004　個人ベース処理とカテゴリー・ベース処理の方略の活性化が印象形成に及ぼす効果　日本社会心理学会第45回大会発表論文集，474-475.

☆13　稲葉哲郎　1994　10章　政治広告のスタイルと効果　飽戸　弘（編著）　政治行動の社会心理学　福村出版　Pp.240-262.

☆14　Gilovich, T., Savitsky, K., & Medvec, V. H.　1998　The illusion of transparency: Biased assessments of other's ability to read our emotional states. *Journal of Personality and Social Psychology*, **75**, 332-346.

☆15　武田美亜・沼崎　誠　2003　親密な関係における透明性の錯覚（2）—パーソナリティ特性に関する「見透かされの過大視」と「見透かしの過大視」　日本社会心理学会第44回大会発表論文集，158-159.

☆16　武田美亜・沼崎　誠　2004　「意思の疎通ができている」ことの過大評価—親密な関係におけるメッセージに込めた意図の透明性の錯覚　日本社会心理学会第45回大会発表論文集，180-181.

☆17　北村英哉　2006　感情の機能についての実験的研究—感情情報機能説の検証　久保ゆかり（研究代表）　豊かな感情生活を生きるために—感情の社会的な意味を問う　平成17年度東洋大学研究所間プロジェクト報告書，14-31.

☆18　北村英哉　2002　ムード状態が情報処理方略に及ぼす効果—ムードの誤帰属と有名さの誤帰属の2課題を用いた自動的処理と統制的処理の検討　実験社会心理学研究, **41**, 84-97.

☆19　北村英哉　2003　認知と感情　ナカニシヤ出版

☆20　北村英哉　2004　第7章　認知と感情　大島　尚・北村英哉（編）　認知の社会心理学　北樹出版　Pp.108-130.

**【6章】**

☆1　澤口俊之　1997　「私」は脳のどこにいるのか　筑摩書房

☆2　Hubel, D. H., & Wiesel, T. N.　1968　Receptive fields and functional architecture of monkey striate cortex. *Journal of Physiology,* **195**, 215-243.

守　秀子（訳）　1993　人間この信じやすきもの　新曜社
☆8　菊池　聡・谷口高士・宮元博章（編著）　1995　不思議現象なぜ信じるのか　北大路書房
☆9　西田公昭　1998　「信じるこころ」の科学　サイエンス社
☆10　Snyder, M., & Cantor, N.　1979　Testing hypotheses about other people: The use of historical knowledge. *Journal of Experimental Social Psychology*, **15**, 330-342.
☆11　Snyder, M., & Swann, W. B. Jr.　1978　Hypothesis-testing processes in social interaction. *Journal of Personality and Social Psychology*, **36**, 941-951.
☆12　Ross, L., Greene, D., & House, P.　1977　The false consensus effect: An egocentric bias in social perception and attribution processes. *Journal of Experimental Social Psychology*, **13**, 279-301.
☆13　伊藤哲司・下山田芳子・徳富五月・佐藤治子・野口哲也・人見健太郎　1996　いわゆる“非科学”への人々の傾倒に関する社会心理学的研究　文部省科学研究費補助金　奨励研究（A）研究報告書
☆14　川口梨香　2002　非科学的事象を信じることの社会心理学的要因　東洋大学社会学部応用社会学科社会心理学専攻 2001 年度卒業論文
☆15　Levenson, H.　1981　Differentiating among internality, powerful others, and chance. In H. M. Lefcourt（Ed.）, *Research with the locus of control construct*. New York: Academic Press. Pp. 15-63.
☆16　中村陽吉　1983　対人場面の心理　東京大学出版会
☆17　北村英哉　2003　認知と感情　ナカニシヤ出版

## 【5章】

☆1　Latane, B., & Darley, J. M.　1970　*The unresponsive bystander: Why doesn't he help?* New York: Meredith.　竹村研一・杉崎和子（訳）　1977　冷淡な傍観者―思いやりの社会心理学　ブレーン出版
☆2　Milgram, S.　1974　*Obedience to authority: An experimental view.* New York: Harper & Row.　岸田　秀（訳）　1980　服従の心理：アイヒマン実験　河出書房新社
☆3　沼崎　誠・工藤恵理子　2003　自己高揚的呈示と自己卑下的呈示が呈示者の能力の推定に及ぼす効果―実験室実験とシナリオ実験との相違　実験社会心理学研究, **43**, 36-51.
☆4　Wegner, D. M., & Wheatley, T.　1999　Apparent mental causation: Source of the experience of will. *American Psychologist,* **54**, 480-492.
☆5　Bargh, J. A.　1997　The automaticity of everyday life. In R. S. Wyer（Ed.）, *Advances in social cognition. Vol.10.* Mahwah, NJ: Erlbaum. Pp.1-61.
☆6　Fazio, R. H., Jackson, J. R., Dunton, B. C., & Williams, C. J.　1995　Variability in automatic activation as an unobtrusive measure of racial attitudes: A bona fide pipeline? *Journal of Personality and Social Psychology*, **69**, 1013-1027.
☆7　Payne, B. P., Cheng, C. M., Govorun, O., & Stewart, B. D.　2005　An inkblot for attitudes: Affect misattribution as implicit measurement. *Journal of Personality and*

# 文　献


【2章】

☆1　Latane, B., & Darley, J. M. 1970 *The unresponsive bystander: Why doesn't he help?* New York: Meredith. 竹村研一・杉崎和子（訳）1977　冷淡な傍観者―思いやりの社会心理学　ブレーン出版

☆2　佐藤達哉　1998　進展する「心理学と社会の関係」―モード論からみた心理学　東京都立大学人文学報，**288**, 153-177.

☆3　佐藤達哉　2002　モードII・現場心理学・質的研究―心理学にとっての起爆力　下山晴彦・子安増生（編著）心理学の新しいかたち　誠信書房　Pp.173-212.

【3章】

☆1　Shoda, Y., Mischel, W., & Wright, J. C. 1994 Intraindividual stability in the organization and patterning of behavior: Incorporating psychological situations into the idiographic analysis of personality. *Journal of Personality and Social Psychology,* **67**, 674-687.

☆2　Loftus, E. F. 1979 *Eyewitness testimony.* Cambridge, Mass: Harvard University Press. 西本武彦（訳）1987　目撃者の証言　誠信書房

☆3　一瀬敬一郎・厳島行雄・仲　真紀子・浜田寿美男（編著）2001　目撃証言の研究―法と心理学の架け橋をもとめて　北大路書房

【4章】

☆1　乙武洋匡　1998　五体不満足　講談社

☆2　詫摩武俊・佐藤達哉（編）1994　血液型と性格―その史的展開と現在の問題点　現代のエスプリ 324 号　至文堂

☆3　佐藤達哉　1999　ステレオタイプとしての血液型性格判断　岡　隆・佐藤達哉・池上知子（編）偏見とステレオタイプの心理学　現代のエスプリ 384 号　至文堂　Pp.152-161.

☆4　佐藤達哉　1994　ブラッドタイプ・ハラスメント―あるいはABの悲劇　詫摩武俊・佐藤達哉（編）血液型と性格―その史的展開と現在の問題点　現代のエスプリ 324 号　至文堂　Pp.154-160.

☆5　Gilovich, T., & Savitsky, K. 2002 Like goes with like: The role of representativeness in erroneous and pseudo-scientific beliefs. In T. Gilovich, D. Griffin & D. Kahneman (Eds.), *Heuristics and biases: The psychology of intuitive judgment.* Cambridge: Cambridge University Press. Pp.617-624.

☆6　Cialdini, R. B. 1988 *Influence: Science and practice, 2nd Ed.* Glenview, Ill.: Scott, Foresman, and Company. 社会行動研究会（訳）1991　影響力の武器　誠信書房

☆7　Gilovich, T. 1991 *How we know what isn't so?* New York: Free Press.　守　一雄・

# 索　引

## ● 著者紹介

**北村英哉**（きたむら・ひでや）

1959 年　兵庫県神戸市に生まれる
1991 年　東京大学大学院社会学研究科社会心理学専攻博士課程単位取得退学
現　在　東洋大学社会学部教授（博士（社会心理学））

<主著・論文>
・社会的認知ハンドブック（山本眞理子 他 共編）北大路書房　2001 年
・認知と感情　ナカニシヤ出版　2003 年
・認知の社会心理学（大島　尚・北村英哉 共編）北樹出版　2004 年
・社会心理学キーワード（山岸俊男 編：分担執筆）有斐閣　2001 年
・パーソナル・コンピュータによる心理学実験入門（北村英哉・坂本正浩 共編）ナカニシヤ出版　2004 年
・「社会的認知研究の動向―対人情報の体制化と知識の活性化をめぐって」 心理学研究, **70**, 427-443.　1999 年
・「ムード状態が情報処理方略に及ぼす効果―ムードの誤帰属と有名さの誤帰属の 2 課題を用いた自動的処理と統制的処理の検討」 実験社会心理学研究, **41**, 84-97.　2002 年

# なぜ心理学をするのか

## ―― 心理学への案内 ――

2006年8月10日　初版第1刷印刷
2006年8月20日　初版第1刷発行
定価はカバーに表示してあります。

著　者　北村英哉
発行所　㈱北大路書房
〒603-8303　京都市北区紫野十二坊町12-8
電　話（075）431-0361㈹
FAX（075）431-9393
振　替　01050-4-2083


制作／T.M.H.　印刷・製本／創栄図書印刷㈱

ISBN4-7628-2516-6　Printed in Japan